Susanne Schimek & Sigrid Stöckel

Glücksorte in Darmstadt

Fahr hin & werd glücklich

Dieses

Glücksbuch

ist für

Liebe Glücksuchende,

ei Gude und herzlich willkommen in der Heinerstadt. Warum sich die Bewohner von Darmstadt eigentlich „Heiner“ nennen, weiß niemand so ganz genau. Aber ob Ur-Heiner, Gast-Heiner oder „eingeheinert“, nehmen Sie die Dinge einfach hessisch entspannt und heinern Sie los. Werfen Sie mit uns einen Blick in die Hinterhöfe und um die Ecken der gemütlichen Darmstädter Viertel und Stadtteile. Ob Martins-, Johannes- oder Paulusviertel, Bessungen, Eberstadt oder Arheilgen – jede Menge glücklich machende Orte warten nur darauf, neu oder wiederentdeckt zu werden. Mal forschen Sie auf den Spuren des Jugendstils, mal kommen Sie zur Ruhe in grünen Oasen und Parks und mal steigen Sie in überraschende Keller oder klettern auf hohe Türme. Uns hat es eine große Freude gemacht, unsere Heimatstadt aus immer wieder anderen Perspektiven zu betrachten. Noch mehr freuen wir uns, unsere Einblicke mit Ihnen zu teilen. Auf geht's, entdecken Sie Darmstadt und lernen Sie die vielen tollen Heiner kennen, die Darmstadt zu einer echten Glückstadt machen.

Ihre Susanne Schimek & Sigrid Stöckel

Deine Glücksorte …

... noch mehr Glück für dich

"Glück"

Felicità am Bahnhof

1 Im Vinocentral

Wer mit der Bahn in Darmstadt ankommt, ist mittendrin im Jugendstil. Öde Bahnhofstristesse gibt es anderswo, hier werden Besucher fürstlich empfangen: Naturstein, prächtige Kuppeln, Jugendstillampen- und reliefs. Außergewöhnlich glänzt auch der Fürstenbahnhof links vom Haupteingang. Exklusiv konnten hier auf Gleis 1 Fürsten und andere VIPs standesgemäß auf Reisen gehen. Den Vorplatz des Bahnhofs, der sogar als „Deutschlands grünster Bahnhof“ preisgekrönt wurde, schmückt eine üppig bepflanzte Blumeninsel.

Egal um welche Tageszeit Reisende ankommen, es ist eine gute Idee, nicht gleich weiterzuhasten. Im Vinocentral gegenüber scheint nicht nur die Sonne freundlich durch die Glasfenster in warmen Orangetönen. Die Mischung aus italienischer Kaffeebar, Vinothek und Ladengeschäft bringt auch Gourmets, Wein- und Kaffeefreunde zum Strahlen. Morgens kommen die Angestellten der umliegenden Büros auf einen Espresso oder Latte Macchiato aus hauseigener Röstung vorbei. Dazu gibt's duftende Croissants mit oder ohne Schokolade. Mittags lässt man sich die frisch belegten, gegrillten Focacce und Panini oder die „Zuppa del giorno“ schmecken. Zur Abendsonne auf der Südterrasse passt einer der über 30 offenen Weine zum selbst zusammengestellten Antipasti-Teller von der Frischetheke. Das Einkaufen von hochwertigen Olivenölen, ausgefallenen Brotaufstrichen und Pasta-Sorten rund um die Uhr macht einfach Spaß und weckt Vorfreude aufs Genießen.

Stichwort Wein: Die riesige Auswahl in den Regalen gleicht einer Reise quer durch Europa. Angebaut wird nachhaltig, oft bio und zum größten Teil in Familienbetrieben. Jedes Weingut, jeden Lieferanten kennt das Vinocentral-Team persönlich und berät beim Einkauf und auf Tasting-Abenden mit Herzblut. Mitbringselsuchenden sei aus der Region besonders eine Flasche von Sektmacher Niko Brandner von Griesel & Compagnie ans Herz gelegt. Ob klassisch aus Trauben oder Bergsträßer Quitten, die Schaumweine des hessischen Start-ups sind ein Geschmackserlebnis mit Glücksfaktor.

- Vinocentral, Platz der Deutschen Einheit 21, 64293 Darmstadt, Tel. (0 61 51) 8 09 40, www.vinocentral.de
- ÖPNV: S- und Regionalbahn, Straßenbahn 1, 2, 3, 5, diverse Busse, Haltestelle Hauptbahnhof

www.vincentral.de
www.vincentral.de

Glück zum Pflücken nah

2

In der Klause am Fürstenbahnhof

Hinter den unscheinbaren hohen Steinmauern am Platz vor dem Hauptbahnhof hat der Verein der Initiative Essbares Darmstadt ein kleines grünes Paradies für Stadtmenschen geschaffen und teilt dies auch gerne mit interessierten Besuchern. Man sitzt mitten im Grün unter der Hopfenkuppel oder in Griffweite direkt neben dem Apfelbaum. Gefühlt wachsen so Obst und Gemüse direkt auf den Teller. An der vertikalen Salatwand ist sogar ein Schild angebracht, auf dem „Pflück mich" zu lesen ist. Nur zu, das Ernten und Verzehren der hier wachsenden Köstlichkeiten ist ausdrücklich erwünscht und gehört zum Konzept der Klause.

Im Kräutergarten gedeiht von A wie Ananassalbei bis Z wie Zitronenverbene allerlei Würziges und Interessantes zum Riechen und Ausprobieren. Wer einmal an der Eberraute geschnuppert hat, wird sofort an Cola-Fläschchen erinnert. Am Kiosk ersteht man im Selbstbedienungsmodus die Getränke. Essen darf selbst mitgebracht und mit Kräutern, Tomaten oder Salat aus dem Klause-Garten aufgepeppt werden. Das lokale Grohe-Bier wird in zünftigen Steingutkrügen ausgeschenkt. Damit ausgestattet, sucht man sich ein grünes Plätzchen und genießt den Abend an der frischen Luft. Pflanzenfans kommen schnell mit den Vereinsmitgliedern ins Gespräch und versorgen sich mit Tipps für das Gärtnern im eigenen Gartenreich. An den jährlich stattfindenden Pflanzentauschbörsen können selbst gezogene Jungpflanzen gegen Sorten aus der Klause eingetauscht werden. Geöffnet ist übrigens nur bei schönem Wetter im Sommer ab 17 Uhr. Zu den sporadisch stattfindenden Konzerten auf der Baumbühne ist der Eintritt ebenfalls frei, lediglich um eine kleine Hutspende wird gebeten.

Auch der für alle offene Saatgutschrank ist eine wahre Schatzkammer der Gartenvielfalt. Ob Hülsenfrüchte, Nüsse, Wurzel- oder Fruchtgemüse, hier kann nach Herzenslust gestöbert werden. Jeder nimmt nur so viel, wie er selbst braucht oder lässt sogar ein paar Körner aus dem eigenen Fundus da. Geteiltes Glück ist eben doppeltes Glück.

TIPP

Unbedingt die selbst gemachte Limonade Kirsch-Rosmarin oder Limette-Minze probieren.

- Klause – Initiative Essbares Darmstadt, Am Fürstenbahnhof 1, 64293 Darmstadt, Tel. (01 79) 1 36 55 44, www.essbaresdarmstadt.de
- ÖPNV: S- und Regionalbahn, Straßenbahn 1, 2, 3, 5, diverse Busse, Haltestelle Hauptbahnhof

Haus der schönen Künste

3

Das Literaturhaus am Kennedyplatz

„Mach es wie die Sonnenuhr: Zähl die heiteren Stunden nur." An den guten Ratschlag aus dem Poesiealbum könnte man sich erinnern, wenn man vor der schlicht-schönen Fassade des Darmstädter Literaturhauses steht und nach oben blickt. Die Sonnenuhr am linken oberen Rand der Fassade gehört zur Originalausstattung des 1950er-Jahre-Baus und misst auch heute noch bei Sonnenwetter die frohen Stunden. Eine inspirierende Zeit verbringen Bücherfans bei den ausgewählten Lesungen, die im Frühjahr und Herbst immer dienstagabends in stilvoller Atmosphäre im Auditorium stattfinden. Von A wie Akiz bis Z wie Zeh, so mancher bekannte Name hat hier schon hinter dem Bühnentisch Platz genommen und aus seinem Werk gelesen.

Besonders beliebt ist der Abend der „Lieblingsbücher". Bei dieser traditionellen Veranstaltung stellen die sechs unabhängigen Buchhandlungen Darmstadts ihre Lieblingstitel der Saison dem Publikum vor. Begleitet von Musik, kleinen Leckerbissen und Getränken lässt man sich gerne überraschen, was es Neues auf dem Buchmarkt gibt und kann am Büchertisch auch gleich das Passende erwerben. Bei der „Sitzkissenplauderei" machen es sich die jüngsten Bücherwürmer auf Sitzkissen mit dem selbst mitgebrachten Kuscheltier gemütlich. Lustige und nachdenkliche Geschichten über Tiere, Natur und Umwelt werden vorgelesen und besprochen und wecken so Lust aufs Selberlesen.

Neben dem literarischen Schwerpunkt vereinen sich weitere kreative Köpfe wie die Chopin-Gesellschaft oder der Darmstädter Foto-Club unter dem Dach des Hauses und laden zu Konzerten und Ausstellungen ein. Im Kunstarchiv ist eine beeindruckende Sammlung an Dokumenten und Werken lokaler Künstler zusammengetragen. Für noch mehr kulturelle Vielfalt sorgen die Deutsch-Indische, -Ungarische, oder -Bulgarische-Gesellschaft, um nur einige der weiteren Hausnutzer zu nennen. Wer in die ganze bunte Welt des Literaturhauses hineinschnuppern möchte, der besucht am besten im September das Kulturfest und feiert bei Live-Musik ein Fest der Künste.

- Literaturhaus Darmstadt, Kasinostraße 3, 64293 Darmstadt, Tel. (0 61 51) 13 33 38
www.literaturhaus-darmstadt.de
- ÖPNV: Straßenbahn 1, 2, 4, 5, 9, Bus F, FU, H, Haltestelle Rhein-/Neckarstraße

JOHN

Das rote Wunder

4 Über die Rheinstraßenbrücke zum Wasserturm

Vom roten Wunder zum weißen Riesen – was sich zunächst wie ein Werbeslogan aus den 1970er-Jahren anhört, entpuppt sich als Tipp für eine Mini-Radtour, bei der zwei architektonische Glücksorte in einem Rutsch erkundet werden können. Los geht es mit der noch recht neuen signalroten Rad- und Fußgängerbrücke über die Rheinstraße. Gebaut 2020, soll sie sich unter Heinern schon den liebevollen Namen „rotes Wunder" erworben haben. Die Einfahrt zur Brücke erreicht man am besten über die Georg-Ohm-Straße im Technologiezentrum. Über eine Rundumschleife um Laubbäume herum schrauben sich Radler beschwingt nach oben und können dort einen Blick auf den Mozartturm erhaschen – ein Relikt aus dem Zweiten Weltkrieg mit Turmkanzel aus Edelstahl. Dass der Baumbestand beim Brückenbau erhalten wurde, freut nicht nur die Natur, es sieht so auch richtig gut aus. Die Brücke erscheint übrigens nachts fast noch schöner – die LED-Leuchten in den Handläufen strahlen dann die Fahrbahn an, sodass das Rot noch intensiver wirkt.

Bergab rollt es sich schwungvoll auf der zweiten Schleife Richtung Europaviertel. Fast kommen hier durch die Serpentinen Achterbahn-Gefühle auf. Vorbei am Europaplatz führt die Erkundungstour über den Zweifalltorweg an die Bahngleise. Die überspannt eine Fachwerkbrücke aus Stahl hin zum riesig aufragenden weißen Wasserturm in der Bismarckstraße. Wo einst dampfende Lokomotiven mit Wasser betankt wurden, hat heute die Kunst ein Zuhause in luftiger Höhe gefunden. Der Darmstädter Musiker, Komponist und Architekt Albrecht Pfohl – auch bekannt als „OBO" – rettete den Jugendstilbau vor der Abrissbirne und pflegt den nun schmucken Turm als seinen Kulturbeitrag. Ganz oben unter der Dachkonstruktion hat die Malerin Annette Bischof ihr Atelier eingerichtet. Für musikalische Glücksgefühle sorgt der Turmherr selbst bei einem seiner mediterran angehauchten Gitarrenkonzerte in einmaliger Atmosphäre. Gibt es gerade kein Konzert und ist noch Puste übrig, einfach noch einmal eine Schleife zurück über die rote Brücke drehen, weil es so schön war.

- Brücke Rheinstraße, Rheinstraße 111 & Wasserturm, Bismarckstraße 179, 64295 Darmstadt, www.wasda.de
- ÖPNV: Startpunkt Rheinstraße: Straßenbahn 4, 9, Haltestelle TZ Rhein-Main

Kulturelle Powerecke

5 In der Centralstation

Wenn es um Kultur, Kreativität und Netzwerken geht, kommen Tag- und Nachtschwärmer an der Centralstation kaum vorbei. Seit 1999 spielt nicht nur die Musik im ehemaligen Elektrizitätswerk „Centralstation für elektrische Beleuchtung". Das Programm gleicht einer bunten Wundertüte. Auf den drei Ebenen des markanten Gebäudes mit Klinkerfassade – in der Halle im Erdgeschoss, im Saal in der oberen Etage sowie in der Bar dazwischen – finden Konzerte, Theater, Lesungen, Ausstellungen und Club-Events statt: von Rock bis Pop, von Jazz bis Weltmusik, von Klassik bis a cappella. Dabei hat das Centralstation-Team ein besonderes Händchen dafür, neue Trends aufzuspüren und die Darmstädter „Provinz" zu locken. Neue Formate werden einfach ausprobiert, ganz im Sinne der Experimentierfreunde.

Nicht nur erwachsene Kulturbegeisterte kommen dabei voll auf ihre Kosten, auch für Kinder werden Konzerte und Theaterstücke geboten. Der legendäre Frederick Vahle ist immer wieder zu Gast und begeistert Generationen mit seiner „Anne Kaffeekanne". Jugendliche und junge Erwachsene können beim Jugend- und Kinderliteraturfestival „Huch, ein Buch!" Autorinnen und Autoren persönlich kennenlernen und auch in der Poetry-Slammer-Szene ist die Centralstation mit ihren Dichterschlachten eine feste Größe.

Ein besonderer Ort zum Abtauchen ist die cool gestylte Bar im Obergeschoss. Mit ihren Leuchtbuchstaben zieht sie draußen im Carree schon die Blicke auf sich. Ob vor dem Konzert, in der Pause, danach oder auch einfach nur so, hat man hier das Geschehen im Blick, schlürft entspannt einen Aperitif oder genießt kosmopolitische Atmosphäre mit Cosmopolitan im Glas.

Als Glücksort zum Abhängen laden auch die Stufen im Innenhof an lauschigen Sommernächten ein. Zur Winterzeit treffen sich Glühweinfans beim alljährlichen alternativen Food-Truck-Weihnachtsmarkt „Heiligs-Blechle" und wärmen Seele und Magen mit besonderen Spezialitäten aus den kleinen Pop-up-Küchen. Egal um welche Jahreszeit, ein Blick in Darmstadts kulturellen Hotspot lohnt sich immer.

- Centralstation, Im Carree, 64283 Darmstadt, Tel. (0 61 51) 7 80 69 99
  www.centralstation-darmstadt.de
- ÖPNV: Bus H, K, diverse Straßenbahnen, Haltestelle Luisenplatz

Welcome
»Caruso 7,-
»Second Stage 7,70
»Moshow Mule 7,70
BAR

Natur pur

6 Schatzinsel Kühkopf und Hofgut Guntershausen

Darmstadt hat zwar keinen eigenen Fluss, aber um die Ecke lockt das ruhige Wasser des Altrheins mit seinen grünen Flussauen zu einem einmaligen Naturerlebnis. Wer reif ist für die Insel, der setzt sich am besten aufs Fahrrad und radelt entspannt die ca. 17 Kilometer auf flachen Radwegen durchs hessische Ried. Über zwei Brücken entweder in Erfelden oder in Stockstadt überquert man den Rheinarm und betritt das Naturschutzgebiet Kühkopf-Knoblochsaue. Auch wenn der Bärlauch einen grünen Teppich zwischen den Eichenwäldern bildet und für den charakteristischen würzigen Geruch nach Knoblauch sorgt, hat der Name der Insel damit nichts zu tun. Er stammt von der Familie von Knobloch, der das Gebiet im 15. Jahrhundert gehörte.

Jetzt heißt es aber Augen auf und Ohren spitzen. Der Specht klopft, das seltene Blaukehlchen trällert und der Fischadler ruft. Dass Vogelgesang entspannt und gegen Stress wirkt, ist sogar wissenschaftlich erwiesen. Das Umweltbildungszentrum im Hofgut Guntershausen empfiehlt sich als erster Anlaufpunkt. Es versorgt seine Besucher mit Kartenmaterial und Infos zur Tier- und Pflanzenwelt. Das hübsche Hofgut mit seinen imposanten Sandsteinmauern wird seit den 1980er Jahren nicht mehr bewirtschaftet. Stattdessen lädt der Innenhof mit zahlreichen Bänken in der Sonne zu einer Pause ein. Plant man seinen Besuch im Frühjahr, so ist meist sogar das Storchennest auf dem Dach des ehemaligen Kuhstalls belegt. Im Museum im Kreuzgewölbestall stillen Wissenshungrige ihren Durst, draußen gibt's dann Kuchen oder Eis aus dem Café im Innenhof. Wer nicht auf eigene Faust losziehen möchte, der bucht eine Kanu-Erlebnistour oder eine geführte Wanderung. Im Veranstaltungskalender der Schatzinsel ist von Kräuterwanderungen im Frühjahr, über Kunstworkshops im Sommer bis Kelterfest im Herbst für jeden Geschmack etwas dabei. Oder vielleicht doch ganz einfach für sich aufs ruhige Wasser schauen und mit etwas Glück die Biber beim Dammbau in der Dämmerung beobachten.

TIPP
Einen Stopp im Geburtshaus von Georg Büchner in Riedstadt-Goddelau einplanen.

- Umweltbildungszentrum Schatzinsel Kühkopf, Außerhalb 27, 64589 Stockstadt, Tel. (0 61 58) 1 88 64 51, www.schatzinsel-kuehkopf.de
- ÖPNV: Regionalbahn 75, Bahnhof Stockstadt; Bus 44, 45, Haltestelle Stockstadt Gipsmühle oder Mitte (rund 20 Minuten Fußweg)

Kuchenglück wie bei Oma

7 Im Café Gretchen

Freundlich grüßt die pausbäckige Bäckerfigur mit Schnauzbart im Schaufenster, ganz so, als wollte sie Besucher hereinbitten. Und gerne tritt man ein in das kleine nostalgische Refugium am Rande des Martinsviertels und lässt sich an einem der Tische nieder. Entweder auf den froschgrünen Stühlen unter den Arkaden im Außenbereich oder gemütlich auf einem der klassischen Kaffeehausstühle mit Blick auf die gigantische Kuchenauswahl. Die präsentiert sich in der Theke, die noch aus der Original-Inneneinrichtung von 1929 stammt und schon Generationen von Kuchenfans angelockt hat. Blümchentapete an den Wänden, wunderhübsches Fischgrätparkett am Boden und hohe crèmefarbige Decken geben ein heimeliges Gefühl, fast so, als ob man bei Oma zu Besuch wäre.

Die Kuchen von Bäckermeister Armin Blinkle schmecken auch genauso lecker wie die von Oma. 2010 trat er gemeinsam mit seiner Frau das Erbe der traditionellen Konditorei Faust an und backt seitdem zum Teil noch nach Originalrezept zum Beispiel den Walnuss-Bienenstich-Kuchen in der kleinen Backstube direkt hinter dem Café. Aus dem Faust-Haus wurde das Gretchen und somit ein Erfolgsrezept, das heute ganz neu begeistert. Am Wochenende wandern manches Mal stolze 70 Kuchen in den Ofen. Ob es ein Stück vom fluffigen, wagenradgroßen Streuselkuchen oder lieber die Jensen-Torte mit Himbeer-Baiser sein soll? Das ist die Gretchen-Frage – aber die beantwortet man in diesem Fall doch sehr gerne. Die neuesten Backtrends oder Chichi braucht es hier nicht und auch ohne WLAN kommt man locker aus. Die Gäste genießen die Ruhe an diesem Ort und wissen das Wesentliche – den köstlichen Kuchen – zu schätzen. Dafür kommen sie aus dem ganzen Umland in den Spessartring und stehen sogar Schlange, um sich ihr Kuchenglück-to-go für daheim einpacken zu lassen. Am Wochenende öffnet das Gretchen für Frühstücksgenießer schon um 9 Uhr die Tür, sonst kann ab 11 Uhr geschlemmt werden. Ankommen, wohlfühlen und eine kleine süße Auszeit nehmen, so fängt der Tag gleich richtig gut an.

- Café Gretchen, Spessartring 27, 64287 Darmstadt, Tel. (0 61 51) 9 71 78 68, www.cafe-gretchen.de
- ÖPNV: Bus F, Haltestelle Spessartring; Bus H, Haltestelle Taunusplatz

Ein Dom aus Rosen

8

Auf der Rosenhöhe

Es summt und brummt geschäftig in den prächtigen Rabatten aus Salbei, Katzenminze, Frauenmantel und Margeriten. Aus den Seerosenteichen ist ein munteres Quakkonzert zu hören. Nicht nur Bienen, Insekten und Frösche finden hier ein wahres Naturparadies vor. Sind die Besucher des Parks einmal durch das imposante Löwentor geschritten, umfängt sie eine verwunschene, zauberhafte Welt. Die Bronzefigur gleich am Eingang „Dichter als flüchtiger Ehrengast" schuf der Künstler Thomas Duttenhoefer, der in einem der kubischen Atelierhäuser in der kleinen Künstlerkolonie auf der Rosenhöhe lebt. In die Häuser inmitten von Grün mit riesigen Atelierfenstern möchte man am liebsten selbst einziehen. Sie säumen die Allee aus Ahornbäumen hinter dem Tor.

Imposante uralte Baumriesen aus vielen Ländern der Erde geben dem Park ein besonderes Flair und spenden schützenden Schatten. Sie vermitteln Ruhe und Kraft und umrahmen würdevoll den unteren Teil der Anlage, in dem die Fürstengräber, das alte und neue Mausoleum und das schmucke Teehäuschen zu finden sind. Besonders berührt das Grab der kleinen Prinzessin Elisabeth, das ein kniender Engel des Jugendstilkünstlers Ludwig Habich schmückt.

TIPP

Zur Kaffeepause oder zum Mittagssnack bei der Kostbar in der Dieburger Straße 144 anhalten.

So spaziert man still weiter bergan auf den Kieswegen zum Höhepunkt: dem Rosarium. Die Königin der Blumen blüht hier ab Ende Mai in einer Pracht und Fülle in Form von Beet-, Hecken-, Teich- und Kletterrose, dass man sich fast ungläubig die Augen reiben will. Sie rankt sich duftend entlang von Laubengängen und bildet ein blühendes Dach für den Rosendom. Gartenfans kommen so richtig ins Schwelgen, stehen staunend unter dem Rosendach und blicken himmelwärts. Dass die Großherzogin Wilhelmine im 19. Jahrhundert schwärmte „Von allen anderen lächelt mir dieser Erdenwinkel!" kann man gut verstehen. Wer sonntags den Park besucht, kann als weiteres Highlight noch die wechselnden Ausstellungen im Skulpturengarten am Spanischen Turm besuchen. Erst Garten-, dann Kunstgenuss, besser geht es fast gar nicht.

- Park Rosenhöhe, Eingang Löwentor, Ecke Wolfskehlstraße/Seitersweg, 64287 Darmstadt, Tel. (0 61 51) 6 29 47 84, www.park-rosenhoehe.info
- ÖPNV: Bus F, Haltestelle Spessartring; Regionalbahn bis Ostbahnhof

Ganz tief durchatmen

9

Im Gesundheitszentrum Happy Place

Im geschäftigen Treiben der Stadt seine Mitte finden, und das direkt an einer der Hauptverkehrsadern in Richtung Darmstadt-City, der Rheinstraße, geht das? Von außen wirkt das schlichte Gebäude zunächst noch wenig spirituell, aber gleich beim Eintreten empfangen den Besucher Ruhe, lichtdurchflutete Räume und sanfte Farben. Besonders ästhetisch mutet der kleine Yoga-Raum in Form eines Blattes mit weißen Säulen und gläserner Decke an. Hier richtet man auf der Matte liegend den Blick direkt in den Himmel und kann mit den Wolken alle Sorgen einfach ziehen lassen. Steffi Rieger, die Gründerin, hat einen Rückzugsort geschaffen und gleichgesinnte Expertinnen unter einem Dach vereint, die mit einer Vielzahl an heilsamen Angeboten für Körper und Seele zum Runterkommen einladen. „Ich will hier einen Ort, an dem man einfach sein kann", betont Steffi freudig.

Wer mehr die Entspannung über Bewegung sucht, kann aus dem riesigen Kursplan Yoga-Stunden für jedes Level buchen. Viel Gutes für sich tun können Gestresste mit einer ayurvedischen Massage bei Birgit Bochmann, die mit einem den Stoffwechsel anregenden Dampfbad und frisch zubereiteten Smoothie ausklingt. Entspannende Massage und wohlige Wärme tanken, besser kann es fast nicht sein. Birgit gibt als Ayurveda-Therapeutin auch Tipps für anti-entzündliche Ernährung und erstellt individuelle Ernährungspläne. Auch ein klassisches Physiotherapie-Angebot mit osteopathischen Einflüssen bringt im Happy Place wieder Körper und Seele in den Gleichklang.

Experimentierfreudige trauen sich vielleicht auch an eine intensive „Breath Journey" heran. Hier macht man sich bei einer Atemreise auf die Suche nach seinen inneren Blockaden und lernt, diese durch sehr kraftvolles, bewusstes Atmen zu lösen. Eine echte Power-Erfahrung! Eva Lang coacht als Expertin für Breathwork ganz einfühlsam und führt mit ihrer sanften Stimme angenehm durch die Selbsterfahrungsreise. Für noch mehr entspanntes Glück sorgt das Kakao-Ritual mit einer aromatischen heißen Schokolade.

- Happy Place, Rheinstraße 22, 64283 Darmstadt, Tel. (01 72) 1 48 33 69
www.happyplacedarmstadt.de
- ÖPNV: Bus H, K, diverse Straßenbahnen, Haltestelle Luisenplatz

284

Auf Schatzsuche gehen

10 Im Lejla's Vintage-Laden

In Darmstadt wird Vintage-Kultur ganz großgeschrieben. Die Heinerin und der Heiner lieben Flohmärkte und individuelle Kleidung als Ausdruck von Persönlichkeit. Nicht umsonst heißt es nicht nur hier „Kleider machen Leute". Wer nicht einfach von der Stange kaufen will, geht gerne im Lejla's auf Schatzsuche nach seinem persönlichen Lieblingsstück. Schon beim Eintreten in den gemütlichen Eckladen im Martinsviertel schwappt etwas von der ruhigen Ausstrahlung auf den Besucher über. Besitzer Nasih ist ein gechillter Typ, der sich inmitten seiner Schätze sichtlich wohlfühlt und freundlich weiterhilft. Für ihn bedeutet Vintage Leidenschaft und Lebensgefühl zugleich. Gemeinsam mit seiner Frau Lejla ist er seit 2008 eine feste Größe im Viertel. Lejla betreibt zwei Häuser weiter einen Concept-Store mit ausschließlich Neuware. Ihr hübscher Laden im Industrial-Style ist anders, aber ebenso einen Besuch wert.

Nasihs Stücke sind secondhand, handverlesen, und können immer dienstags und donnerstags zur Kommission angeboten werden. „Beim Ankauf erlebe ich immer wieder Überraschungen und entdecke neue Schätze", erzählt er lachend. Die Kleidung präsentiert sich übersichtlich nach Farben sortiert, es überwiegt gepflegte Markenkleidung von günstig bis hochpreisig. Zwischen den Regalen sind Wohnaccessoires, Kleinmöbel, Spiegel, Taschen, Koffer, Kerzenleuchter und Bilder liebevoll arrangiert. So dreht man entspannt seine Runden in dem kleinen Laden und entdeckt immer wieder etwas Neues. Besonders ins Auge stechen die ausgefallenen Lampen, die auch zum Verkauf stehen: Vom Kronleuchter über nostalgische Lampenschirme ist so manche Epoche vertreten. Vielleicht endlich auf einem ersehnten Design-Klassiker wie dem „Eames-Chair" Platz nehmen oder mit den schicken lilafarbenen Prada-Pumps nach Hause gehen? Zum Glück kann man sich hier beim Stöbern so richtig Zeit nehmen und die Hetze draußen lassen. Und weil es so viel Spaß macht, dreht man einfach noch eine glücklich machende Runde durch das Vintage-Paradies.

● Lejlas Concept- und Vintage-Store, Liebfrauenstraße 63 und 69, 64289 Darmstadt, Tel. (0 61 51) 71 11 75, www.vintage-darmstadt.de
● ÖPNV: Bus L, Haltestelle Pankratiusstraße

PRADA

Den Schritt verlangsamen

11 Im Herrngarten

Eben noch eilig durch die Innenstadt geflitzt, wird das Tempo automatisch langsamer, sobald man den Herrngarten, Darmstadts ältesten Stadtpark, betritt. Eine schier endlose Rasenfläche, unterbrochen von teils riesigen Bäumen, dominiert den Blick. Hier und da teilt sich das Grün, um Platz für Wege, Spielplätze und einen Teich zu machen. Vor allem im Sommer ist es ratsam, die gemütlichen Schritte beizubehalten. Denn bei schönem Wetter tummeln sich die Darmstädter dort, wo es sich eben am besten aushalten lässt. Aus der Grasdecke wird eine riesige Picknickdecke, gesäumt von Slacklines, Kinderwagen, Tai-Chi-Gruppen und Boule-Spielern.

Der Park entstand im 16. Jahrhundert durch die Zusammenlegung mehrerer Gärten und wurde 1766 im englischen Stil angelegt, was so viel heißt wie: weniger Blühpflanzen, mehr Natürlichkeit. Platzprobleme gab es damals wohl noch nicht. Erst 1811 öffnete Großherzog Ludewig I. den Park für die Bevölkerung. Was ein Glück! Wo würden die Darmstädter heute sonst ihren Schritt verlangsamen und Gemächlichkeit walten lassen.

Eine Kombination aus Lust- und Nutzgarten ist der angrenzende Prinz-Georg-Garten. Wie eine Karotte aus dem ehemaligen großherzoglichen Garten schmeckt – davon kann sich jeder selbst überzeugen. Dort angebautes Obst und Gemüse wird zwischen Mai und Oktober direkt vor Ort verkauft.

Übrigens: Wer kennt den Herrngartenberg? Das ist der Buckel im nordwestlichen Teil, der einmal – lange muss es her sein – als Aussichtspunkt den Blick gen Norden freigab. Mit einer Höhe von nur 12 Metern hat sich der Hügel in seiner Ursprungsfunktion schnell erübrigt. Für diesen Zweck eignet sich heute eher das knapp 40 Meter hohe Ludwigsmonument. Die Darmstädter nennen es liebevoll den langen Lui, der seit 1844 über dem Luisenplatz unweit des Herrngartens thront. Ein Blick von oben lohnt sich vor allem während des jährlich stattfindenden Heinerfests. Die 172 Stufen zum Aussichtsglück nimmt man dann auch lieber langsam.

TIPP

Im Herrngartencafé in der Mitte des Parks persische Spezialitäten genießen.

● Herrngarten, Schloßgartenstraße, 64289 Darmstadt
● ÖPNV: Diverse Straßenbahnen und Busse, Haltestelle Willy-Brandt-Platz

Ein Sommertagstraum

12

Baden im Riedsee

Das größte Glück an einem heißen Sommertag ist der Sprung ins kalte Nass. Noch glückseliger sind Kinder, wenn es zur Abwechslung zum feuchten Badespaß einen Spielplatz und reichlich Möglichkeiten zum Rumtoben gibt. Die Eltern können diese Glücksmomente dann nur noch mit Pommes und Eis toppen. Hört sich nach einem perfekten Badetag am See an – ist es auch!

Biegt man in die von Bäumen gesäumte Straße Richtung Riedsee ab, sind Schule, Arbeit und der manchmal lästige Alltag schnell vergessen. Der Badesee zwischen Leeheim und Geinsheim ist umrahmt von Bäumen und Sträuchern. Sogar ein paar Palmen haben sich hierher verirrt. Am flach abfallenden Sandstrand plantschen die Kleinsten, während die Schwimmer die Plattformen in der Mitte des Sees ansteuern. Und wer es bis dahin geschafft hat, hängt einfach noch ein paar Schwimmzüge dran und wird auf der gegenüberliegenden Seeseite für die Anstrengung belohnt. Im seichten, klaren Wasser, mit genügend Abstand zum Trubel gegenüber, lässt es sich in Ruhe durchatmen und die sommerliche See-Atmosphäre aus der Distanz beobachten.

TIPP

Ein Ausflug außerhalb der Badesaison: kostenfreier Eintritt und den See fast für sich allein.

Ein Tag am Riedsee ist ein Klassiker unter den Sommertagen, der irgendwann zur nostalgischen Erinnerung wird, an die man immer gern zurückdenkt. Herausgerissen wird man aus diesem angenehmen Tagtraum spätestens durch die Lautsprecherdurchsage, die unwiderruflich das Ende eines herrlichen Badetages verkündet: „Wer hat an der Uhr gedreht, ist es wirklich schon so spät … Liebe Badegäste, es ist Badeschluss."

Aber es muss nicht nur bei einem Tagesausflug bleiben. Wer den Tagtraum zum Traumland und den Alltag in Urlaub umkehren will, schlägt sein Zelt oder auch eine komfortablere Camping-Behausung auf der Zeltwiese auf. Als Campinggast kommt man auch nach Badeschluss noch in den Genuss, einen weiteren Sprung ins kühle Nass machen zu können. Glück hat der, der in der ersten Reihe direkt mit Seeblick in den Schlaf finden darf.

- Riedsee, Am Riedsee 1, 64560 Riedstadt/Leeheim, www.riedsee.de
- ÖPNV: Bus 40, 46, Haltestelle Leeheim Geinsheimer Straße, Riedstadt (rund 15 Minuten Fußweg)

Frische Landluft schnuppern

13

Auf dem Hofgut Oberfeld

Man kann sie manchmal schon von Weitem riechen – die echte Bauernhofluft. Aber auch der Duft von frisch gebackenem Brot und anderen Leckereien weht den Besuchern entgegen, je mehr sie sich dem Hofgut am östlichen Rand von Darmstadt nähern.

Immer der Nase nach, der erste Blick folgt meist dem Geruch, und zwar zum sogenannten Fenster zum Kuhstall. Auch wenn es eigentlich gar kein Fenster ist, drücken sich die Dauerschlange stehenden Kinder die Nase am imaginären Scheibenglas platt. Um was zu sehen? Na was wohl – Kühe! Nebenan, durch die echten Fenster zum Melkstand und zur Hofmolkerei, lässt sich hautnah beobachten, woher die Milch eigentlich kommt und wie Joghurt, Käse und andere Milchprodukte hergestellt werden. Diese können dann direkt im Hofcafé probiert und im Hofladen erworben werden. Ein kleines Stück Bauernhof zum Mitnehmen.

TIPP

Kurse und Führungen für Groß und Klein, zum Beispiel zum Thema „Von der Milch zur Butter".

Selbst Hand anlegen dürfen die Saisongärtner. Der Traum vom eigenen Gemüsegarten ist nicht vielen Städtern vergönnt, doch das Hofgut macht es möglich. Für jeweils eine Saison von Mai bis November werden auf einer großen Ackerfläche einzelne Gartenparzellen vermietet. Auf dem eigenen Feld heißt es dann gießen, jäten, hacken, säen, abwarten … und der glücklichste Moment aller Saisongärtner ist dann schließlich die Ernte. Unter der fachkundigen Anleitung des Landwirtschaftsteams klappt es auch bei Anfängern mit dem grünen Daumen. Damit ist das Gärtnerglück perfekt.

Wer das Bauernhofleben lieber aus gemütlicher Distanz beobachten möchte, bestellt sich einfach ein Stück selbst gebackenen Kuchen und ein Glas köstliche Dickmilch, lässt die Kinder im Heubad toben und genießt die bäuerliche Atmosphäre entspannt von der Wiese aus. Hier und da flattern ein paar Hühner vorbei, die Pferde wiehern aus dem Stall und mit dem Kuchenduft in der Nase ist die Landluft doppelt so wohltuend.

- Hofgut Oberfeld Landwirtschaft AG, Erbacher Straße 125, 64287 Darmstadt, Tel. (0 61 51) 9 50 48 60, www.landwirtschaft-oberfeld.de
- ÖPNV: Bus RH, GB, MO1, Haltestelle Hofgut Oberfeld

Abendrot zum Abendbrot

14

Im Weststadtcafé

In die Weststadt, also die Gegend nördlich des Hauptbahnhofs, verirrt man sich, sucht sie aber eher selten bewusst auf. Zumindest nicht für touristische Erkundungstouren. Ein Grund, das zu ändern, ist der Anblick der untergehenden Sonne hinter den Bahngleisen im Weststadtcafé. Die ungewöhnliche Perspektive zwischen Weichen, Signallampen, Schienen und Oberleitungen macht die ehemalige Wagenhalle zu einer besonderen Kulisse. Was sich vielleicht auf den ersten Blick nicht gerade vielversprechend anhört, überrascht selbst den erfahrensten Abendrot-Gucker.

Während die Erde sich langsam von der Sonne abwendet, wenden sich die Gäste ihren Getränken und Gesprächspartnern zu. Mit der einbrechenden Dämmerung füllen sich die Tische und Gläser. Ist die Sonne endgültig hinter dem letzten Gleis verschwunden, übernehmen die großen roten Lampenschirme und sorgen für die eben noch verloren geglaubte Abendstimmung. Fast nirgends lässt es sich in Darmstadt so lange im Abendrot verweilen wie dort, um den wohl schönsten Sonnenuntergang der Stadt zu genießen.

TIPP

Ob Pizzaservice oder Stulle: Eigenes Essen mitzubringen ist hier ausdrücklich erlaubt.

Für die einen läutet die untergehende Sonne das Ende des Abends ein, für andere ist sie der Start in eine Darmstädter Partynacht. Das Weststadtcafé, eher ein Biergarten, wird am Wochenende zum Club. Und so manch einer kommt auf dem Heimweg vielleicht sogar noch in den Genuss eines Sonnenaufgangs. Neben einem Mix aus portugiesischen und deutschen Kleinigkeiten dürfen am Gemeinschaftsgrill auch eigene Grillwürstchen gebrutzelt werden; ein Sandkasten beschäftigt derweil die Kleinsten. Und wer die kleine Hollywoodschaukel ergattert, hat wirklich Glück gehabt – was gibt es Schöneres, als dem Abendrot einfach so entgegenzuschaukeln.

- Weststadtcafé, Mainzer Straße 106, 64293 Darmstadt, Tel. (0 61 51) 82 47 30 http://weststadtcafe.de
- ÖPNV: Bus R, Haltestelle Mainzer Straße; Bus WE4, Haltestelle Bunsenstraße (rund 10 Minuten Fußweg)

COLA

Die Natur als Kunstwerk

15 Auf dem Waldkunstpfad

Das Laub raschelt, die Sonne blitzt durch das natürliche Blätterdach, hier und da ist Vogelgezwitscher zu hören und Eichhörnchen springen mit ihrer Beute von Baum zu Baum. So kennt man den Wald.
Ganz anders erlebt man diesen auf dem Darmstädter Waldkunstpfad: Drei überdimensionale Vogelhäuschen stehen am Wegesrand, ein U-Boot versinkt im Blättermeer, weiße Tuchverspannungen verknoten sich von Ast zu Ast, während Blätter-Mandalas in den Baumkronen wehen und eine schwingende Brücke zum Balancieren auffordert. Ob hinter einer Biegung, neben dem nächsten Baum oder an der kommenden Lichtung – das nächste Kunstwerk wartet schon auf neugierige Spaziergänger. Die Kunstwerke regen zum Verlassen der gewohnten Wege an und belohnen mit immer neuen Überraschungen. Auch ältere Exponate aus vergangenen Jahren sind teilweise noch zu entdecken.
So verändert sich die Ausstellung ganz von selbst. Während die Natur einige Kunstwerke im Laufe der Zeit neu formt und sie sich schließlich ganz zurückholt, kommen alle zwei Jahre wieder neue hinzu. Seit 2002 gibt es den knapp drei Kilometer langen Waldkunstpfad im Bessunger Forst bereits. Fast 200 Künstler aus 37 Ländern haben den Wald hinter dem Böllenfalltor bisher um insgesamt 250 Kunstwerke bereichert. Alle Künstler erstellen, bauen, basteln ihre Exponate direkt vor Ort. Die kuratierte Ausstellung wechselt Themen und Künstler und sorgt so für internationales Flair und immer neue Ansätze. Auch auf eine Führung muss nicht verzichtet werden: QR-Codes an jedem Kunstwerk verweisen auf den Text- und Audioguide. Fast wie im echten Museum. Und einer der wohl schönsten Orte ist der Platz auf der schwebenden Blätterbank – hier lässt sich wunderbar Revue passieren, was das Auge im Buschwerk alles entdeckt hat, wie viel der Wald zu bieten hat und wie wichtig er für alle Lebewesen dieser Welt ist. Und wo kann man zeitgenössische Kunst kostenlos an 365 Tagen im Jahr zu jeder Tages- und Nachtzeit entdecken? Darmstadt muss einfach ein Glücksort sein!

● Internationaler Waldkunstpfad, Start: 150 Meter östlich vom Waldparkplatz am Polizeipräsidium, Klappacher Straße 145, 64285 Darmstadt, www.waldkunst.com
● ÖPNV: Bus R, Haltestelle Marienhospital; Straßenbahn 9, Bus R, Haltestelle Böllenfalltor (rund 10 Minuten Fußweg)

Ein tierisches Vergnügen

16 Zoo Vivarium

Während die Tapire Tessa und Mateo reichlich Schmuseeinheiten von den Tierpflegern benötigen, ist der Säbelantilopenbock Vergo ein echter Dickkopf. Und Trampeltier Charly zieht sich zum Fressen am liebsten in seinen Stall zurück. Einige Tiere im Zoo sind richtige Charaktere und mancher Besucher kennt tatsächlich ihren jeweiligen Namen und ihre speziellen Eigenschaften. Denn das Vivarium ist ein kleiner, überschaubarer Familienzoo mit viel Grün und schönen Plätzen für ein Picknick.

Von der Kaulquappe zum Frosch – was 1956 als Schulprojekt mit wenigen Aquarien begann, ist heute das Zuhause von ca. 2000 Tieren aus 200 Arten. Am längsten dabei und ordentlich betagt ist Chopper, das Stumpfkrokodilmännchen, das schon seit 50 Jahren das Highlight für viele Besucher ist. Wartet man doch so oft im Tropenhaus auf eine Reaktion des wachsamen, regungslosen Reptils. Doppelt so alt, aber im besten Schildkrötenalter ist Adam, die Riesenschildkröte. Für seine knackigen 100 Jahre kriecht er dennoch eher langsam dahin. Angesteckt von seiner Gelassenheit beobachten die Besucher ausdauernd, wie das Schildkrötmännchen seinen Riesenpanzer gemächlich vom Wasserbecken zum Fressnapf manövriert. Und da Riesenschildkröten auch locker 200 Jahre alt werden, wird Adam wohl noch die Enkel der heute faszinierten Kinder kennenlernen. Einfach nur glücklich sind und machen die Otter. Die quirligen Tierchen fiepen, knabbern, hüpfen, rennen und schwimmen so wild durch das Gehege, da kommt keine Langeweile auf. Hier ist man mehr Publikum als Besucher und geneigt, für die gute Unterhaltung zu applaudieren.

TIPP
Auf Tuchfühlung: Als Gast-Tierpfleger kann man Zeit mit dem Lieblingstier verbringen.

Eine echte Besonderheit für einen kleinen Zoo wie das Vivarium sind die vielen Aquarien und Terrarien. Von Anfang an dabei, sind sie auch heute noch im ältesten Gebäude untergebracht. Viele Generationen von Kindern haben sich schon durch die Plastikvorhänge gedrängt, um etwas ängstlich, aber auch voller Neugier und Faszination die Giftschlangen, Spinnen oder Piranhas zu beobachten.

- Vivarium, Schnampelweg 5, 64287 Darmstadt, Tel. (0 61 51) 1 34 69 00
  www.zoo-vivarium.de
- ÖPNV: Bus K, Haltestelle Botanischer Garten/Vivarium

Neue Talente entdecken

17 Der Circus Waldoni

Am Rande von Eberstadt ragt die Spitze des rot-weiß gestreiften Zirkuszeltes über die grünen Baumwipfel. Dieses Zelt wird aber nicht nach ein paar Wochen wieder abgebaut, wie es bei einem klassischen Zirkus üblich ist, der seine Zuschauer mit lustigen Clown- und atemberaubenden Artistiknummern begeistert und dann weiterzieht. Im Circus Waldoni ist alles ein bisschen anders – zum Glück.
Denn hier heißt es nicht lange warten bis zur nächsten Aufführung, sondern mitmachen. Während bei den Mini-Waldonis die Kleinsten zum ersten Mal Zirkusluft schnuppern, wagen sich die Grundschüler schon an schwierigere Zirkus-Experimente und eifern den großen, die Teil der Varieté-Gruppe sind, nach. Dabei geht es vor allem darum, neue Fähigkeiten zu entdecken und positive Erfahrungen zu sammeln. Denn wer hat schon einmal in einem Zirkuszelt gestanden und mit Bällen oder Diabolos jongliert? Manch einer ist überrascht, welche Talente in ihm schlummern. Und dieses Glücksgefühl bleibt. Nicht nur bei den Waldoni-Gruppen, sondern auch bei den Teilnehmern der Workshops, Ferien- oder Schulprojekte. Der Höhepunkt jeden Zirkusjahres sind die Aufführungen der Waldoni- und Varieté-Gruppen. Dann heißt es: Manege frei und Tickets sichern, schauen, staunen und klatschen!
Ein besonderes Spektakel ist das internationale Zirkusfestival. Alle zwei Jahre kommen Amateur-Artisten aus der ganzen Welt nach Darmstadt und stellen sich der Zirkus-Jury. Während der beliebten Publikumsvorstellung zeigen sie auch den Darmstädtern ihr Können. Aber nicht nur das. Die Teilnehmer tauchen ein in die Waldoni-Welt und werden Teil eines ganz besonderen – ja, sogar vielleicht einzigartigen Zirkusprojektes. Es begann einst mit einem Zirkusworkshop an einer Schule, jetzt ist der Zirkus selbst die Manege eines der größten Kinder- und Jugendzirkusprojekte Deutschlands.

● Circus Waldoni, Grenzallee 4–6, 64297 Darmstadt-Eberstadt, Tel. (0 61 51) 6 60 99 30, www.waldoni.de

● ÖPNV: Straßenbahn 1, 6, 7, 8, Haltestelle Darmstadt-Eberstadt Frankenstein (rund 12 Minuten Fußweg)

WALDONI

Puppen für Erwachsene

18

Das Kikeriki Theater in der Comedy Hall

Es war einmal ein Darmstädter, der bereitete ein Puppenspiel für Kinder vor. Von einem Freund gefragt, ob er nicht mal was vorspielen möge, sagte der Hobby-Puppenspieler zu, wunderte sich aber über die fehlenden Kinder im Publikum. Also improvisierte er und das kam so gut an, dass aus dieser ersten spontanen Vorstellung bis zum heutigen Tag über 10.000 wurden. So oder so ähnlich ist die Erfolgsgeschichte des Kikeriki Theaters überliefert.

Improvisiert wird immer (noch), trotz der Menge an Vorstellungen ist keine wie die andere. Da kommt weder bei den Puppenspielern noch bei den Zuschauern Langeweile auf. Fast von Anfang an mit dabei ist Erwin, die Rampensau aus dem Stück „Erwin ein Schweineleben". Genauso lang wie manch Puppenspieler. Man mag es familiär im Kikeriki Theater und da ist es auch selbstverständlich, dass die Puppenspieler selbst den Pinsel in die Hand nehmen, um ihren Alter Egos einen neuen Anstrich zu verpassen. Erwin hat schon 1600 Vorstellungen hinter sich – da kann das saukomische Schwein schon mal ein Lifting gebrauchen. Liebevoll-ironisch und überzeichnet sind nicht nur die Puppen, sondern auch der Umgang mit der einheimischen Mundart. Am hessisch' Gebabbel kommt man hier net vorbei.

TIPP

Besuchen Sie vor der Vorstellung das Theaterlokal, hier gibt es einiges zum Schnawweliern.

Schrauben, bauen, spielen, schreiben, der Job der Darmstädter Puppenspieler ist vielfältig und wird auch genau deshalb von ihnen geschätzt. Von der Sitzbank im dazugehörigen Theaterlokal, über die Puppen und bis hin zum Bühnenbild – hier ist alles Handarbeit. Das macht vielleicht auch die über 40-jährige Erfolgsgeschichte des etwas anderen Theaters aus, das unter dem Motto „Dem Alltäglichen zum Trotz" dauer-ausverkauft ist. Aber nicht nur Erwachsene dürfen hier dem Alltäglichen trotzen, auch klassisches Puppentheater für Kinder steht auf dem Programm. Und wenn Erwin nicht in Aspik gelandet ist, dann unterhält er seine Zuschauer noch heute.

- Comedy Hall, Heidelberger Straße 131, 64285 Darmstadt, Tel. (0 61 51) 96 42 60 www.comedyhall.de
- ÖPNV: Straßenbahn 1, 6, 7, 8, Haltestelle Bessunger Straße

Muckibude unter Bäumen

19

Im Bürgerpark

Dribbeln, stoßen, passen, stemmen, schlagen, prellen, kicken, rollen, rutschen, curven ... Der Bürgerpark im Norden Darmstadts steht ganz im Zeichen von Adonis. Doch treiben im Bürgerpark nicht nur Schönheitsgötter Sport, sondern – wie der Name schon sagt – auch ganz normale Bürger. Von A wie Amateur-Sportler bis Z wie Zehnkämpfer ist so ziemlich alles dabei. Die einen trainieren im Outdoor-Gym mit der Boombox und feuern sich lautstark zu neuen Höchstleistungen an, während andere voll konzentriert beim Wurf auf den Korb sind oder mehr oder weniger gekonnt über die Mauern der Skateboard-Plaza cruisen.

Unter dem Motto „da flanieren, wo andere Sport treiben" lässt sich der Bürgerpark am besten bei einem Spaziergang erkunden. Hinter der Skateboard-Plaza verläuft der Weg entlang der Spielfelder für Basketball, Volleyball, Fußball, Tennis und der großen BMX-Anlage. Vorbei am Outdoor-Gym, geben Hecken immer wieder den Blick auf das Leichtathletikstadion frei. Wer Glück hat, kann den Spaziergang für ein Fußball- oder Footballspiel unterbrechen und vielleicht sogar die Darmstadt Diamonds beim Training beobachten.

TIPP

Flohmarkt, Bürgerschoppen sowie Kinder- und Familienfest gibt es jedes Jahr am ersten Augustwochenende.

Hinter den Sportplätzen beginnt der eher gemütliche Teil des Bürgerparks mit Spielplatz, Teich, Grillhütte und Hundewiese. Für eine Einkehr bietet sich der Bayerische Biergarten an – im Schatten der vielen Kastanienbäume schmeckt der Gespritzte oder das Helle doppelt gut. Übrigens gilt auch in Hessen die bayerische Biergarten-Regel: Eine Brotzeit darf mitgebracht werden. Bricht die kalte Jahreszeit an, gibt es auch für Schön-Wetter-Sportler keine Ausrede. Denn auch im Winter hat der Bürgerpark einiges zu bieten wie in der Eishalle ein paar Runden drehen oder zum Schwimmen ins Nordbad.

Wenn nicht hier, wo dann, fragt sich? Sport-Fans und solche, die es werden wollen, haben im Bürgerpark die Qual der Wahl. Und wer noch etwas Bedenkzeit braucht, gönnt sich eine Denkpause im angrenzenden Biergarten.

● Bürgerpark, 64289 Darmstadt
www.darmstadt-stadtlexikon.de/b/buergerpark
● ÖPNV: Straßenbahn 4, 5, Haltestelle Nordbad

Hautnah genießen

20 Zu Gast beim Stadtkoch Vanille

Im ehemaligen Güterschuppen am Bahnhof in Mühltal haben Anette und Johan Jorry eine französische Gourmetoase geschaffen – ganz ohne Chichi, dafür mit viel Herzblut. Mehr als vier Wände mit Dach waren 2012 nicht existent, als das deutsch-französische Paar seine alte Kochwerkstatt in Bessungen verließ, um sich auf eine neue kulinarische Reise im Mühltal einzulassen. Der Charme des alten Bahnhofsgebäudes mit den alten Holzbalken und den hohen Decken ist geblieben, kuschelige Wärme verbreiten im Winter die Holzöfen und im Sommer lädt die Terrasse auf ein Getränk im Freien ein – inklusive Blick ins Grüne.

Wer eintritt, weiß gleich, was Sache ist. Als Gast steht man quasi direkt in der Küche. Sie ist der Mittelpunkt und bietet die einmalige Gelegenheit, dem Koch direkt über die Schulter in die Töpfe zu schauen. So nah dran ist man selten. Diese Gelegenheit nutzen Hobbyköche dann auch, um sich den ein oder anderen Tipp vom Profi abzuholen. Denn wo kann man sich schon selbst davon überzeugen, was im Kochtopf landet!? Dosen oder Tetrapacks gehören beim Stadtkoch jedenfalls nicht dazu. Es wird mariniert, reduziert, blanchiert, im Wasserbad gekocht und natürlich gebacken – typisch französisch eben. Und das Ergebnis kann sich schmecken lassen, ein echtes Gaumenglück. Spätestens bei der Tarte Tatin ist man dann wunschlos glücklich.

Beim Stadtkoch ist die Suche nach Öffnungszeiten und Speisekarten aussichtslos, die gibt es nämlich nicht. Hier wird auf Bestellung gekocht, entweder ganz privat oder an den Menüabenden, für die eine Voranmeldung nötig ist. Für alle offen stehen die Türen immer mittwochs. An den sogenannten Portes-ouverts-Events sorgt ein DJ erst für Lounge- und zu späterer Stunde dann auch für Tanzstimmung. Dazu ein gutes Glas Wein, französischer versteht sich, und ein Stück Quiche: C'est la vie – savoir-vivre, das ist das Leben – das Leben genießen. Besser lässt sich weder auf Französisch noch auf Deutsch ausdrücken, was die Gäste bei den Jorrys erwartet.

● Stadtkoch Vanille, Am Bahnhof 4, 64367 Mühltal, Tel. (0 61 51) 71 17 96
www.vanille-darmstadt.de
● ÖPNV: RB, Bus O, Bahnhof Mühltal, Nieder-Ramstadt

Brunnen-Hopping

21 Durch die Eberstädter Streuobstwiesen

Im Darmstädter Stadtwald gibt es so einige idyllische Brunnen zu entdecken und viele Einheimische nutzen das weiche, klare Quellwasser gerne als Kaffee- oder Teewasser. Als besonderes Kleinod sprudelt der Melitabrunnen unterhalb des Eberstädter Prinzenberges. Eigentlich war er ein Hochzeitsgeschenk an Victoria Melita von Sachsen-Coburg und Gotha von ihrem Mann Ernst Ludwig von Hessen. Die Jahreszahl 1894 entdecken aufmerksame Brunnenbesucher im Steinkopf gemeißelt. So richtig harmonisch war die arrangierte Fürsten-Beziehung leider nicht. Nach wenigen Jahren endete die Ehe mit einem Skandal. Man liest von Ehebruch – das ging so gar nicht. Der Darmstädter Adel wollte am liebsten die Erinnerung an die unliebsame Verbindung komplett aus dem Darmstädter Stadtbild streichen. Doch das Geschenk mit Melitas Namensgravur wurde zum Glück dabei vergessen. Und romantisch ist der hübsche Platz trotzdem. Holzbänke und ein Picknicktisch laden zum schattigen Rasten ein. Ob Mensch, Hund oder sogar Pferd – das kühle Wasser aus dem Löwenkopf erfrischt super bei einem Spaziergang durch die Streuobstwiesen. Kinder flitzen auf der Wiese umher, bauen am Hetterbach Staudämme und balancieren über die kleinen, selbst gebauten Brückchen. Der natürliche Abenteuerspielplatz ist ein perfektes Ausflugsziel für den entspannten Familienspaziergang am Sonntagnachmittag.

Am besten auf dem Rückweg einen kleinen Schlenker über den Prinzenberg machen und in der Aussicht Richtung Süden über den Frankenstein bis hin zum Melibokus schwelgen. Dann schlängelt sich der Weg wieder abwärts über den Steckenbornweg am Streuobstwiesen-Zentrum vorbei. Dort unbedingt einen Blick über den Zaun in den wunderhübschen Bauerngarten werfen. Der Streuobstwiesenverein bietet auch Kräuterwanderungen und Eselspaziergänge an. Im Mai wird Schafschurfest gefeiert und im Herbst kann man beim zünftigen Kelterfest anpacken. Doch weiter geht's zu Brunnen Nummer zwei: dem Steckenbornbrunnen. Wer mag, bringt Flaschen zum Abfüllen für das klare Brunnenwasser mit und genießt doppeltes Brunnenglück zu Hause.

● Melita- und Steckenbornbrunnen, Parkplatz an der Frankenstein-Schule, Heinrich-Delp-Straße 187 (rund 30 Minuten Fußweg)
www.streuobstwiesen-eberstadt.de
● ÖPNV: Straßenbahn 1, 7, 8, Haltestelle Carl-Ulrich-Straße

Staunend auf Zeitreise

22

Im Hessischen Landesmuseum

Durch das von zwei großen Löwen gesäumte Portal taucht man ein in eine Reise durch die Zeit voller Überraschungen. 1906, in der Entstehungszeit des Gebäudes, setzte der Architekt Adolf Messel seine Vorstellung von einem idealen Museum auf ästhetisch beeindruckende Weise um. Mit dem Konzept „alles unter einem Dach" zählt Darmstadt zu den wenigen europäischen Universalmuseen. Die wertvollen Sammlungen präsentieren Kunst, Kultur und Naturgeschichte in liebevoll ausgestatteten sogenannten Stilräumen.

So kann man sich beispielsweise in der römischen Kaiserzeit einfinden und durch den Säulengang eines römischen Bades wandeln. Das Bodenmosaik zeigt fantasievolle Meereswesen und gibt eine Idee von der Bade-Kultur der damaligen Zeit. Könnte in einer Zeitmaschine der Knopf „Mittelalter" gedrückt werden, so käme man direkt im nächsten Raum an. Gleich einer Schatzkammer werden Glasmalerei sowie mittelalterliche Handwerks- und Kirchenkunst in einem Kirchenschiff imposant in Szene gesetzt, auch ein Taufbecken darf für den perfekten Eindruck nicht fehlen.

TIPP

Beim Open-Air-Sommerkino im Innenhof Filmklassiker in besonderem Ambiente erleben.

Der Besucher reist staunend weiter durch die Epochen, wobei dem Jugendstil traditionell in Darmstadt ein besonderer Schwerpunkt gewidmet ist. Besonderes Highlight für jüngere Gäste und Familien sind die Tierwelten der Dioramen. Vor den dreidimensionalen Schaukästen mit Tierpräparaten aus aller Welt hinter Glas klettern Kinder auf kleine Holzkisten, um die interaktiven Erklär-Filme per „Touch" zu aktivieren. Das Haus als Ganzes inspiriert die Sinne und erzählt seine Geschichten. Ein einziger Besuch ist fast zu wenig und die wechselnden Ausstellungen machen auch richtig Lust aufs Wiederkommen.

Die Eindrücke verarbeitet man am besten im historischen Gewölbe oder im schattigen Innenhof im Museumsbistro bei einem duftenden Kaffee oder hessischen Tapas. Im Sommer sitzt man hier besonders schön, fast wie in einem klösterlichen Kreuzgang, und kann nochmal die Atmosphäre der Vergangenheit nachspüren.

- Hessisches Landesmuseum Darmstadt, Friedensplatz 1, 64283 Darmstadt, Tel. (0 61 51) 1 65 70 00, www.hlmd.de
- ÖPNV: Straßenbahn 2, 3, 9; Bus L, WE1, WE2, H, F, FU, Haltestelle Schloss

PETER
LINDBERGH
Untold Stories
TOMÁS
SARACENO
SONGS
FOR
THE AIR
25. SEPT. 2020 –
VERLÄNGERT BIS
28. MÄRZ 2021
HESSISCHES
LANDESMUSEUM
DARMSTADT

Grüner Geheimtipp

23 Der Botanische Garten

Wer rund um die Lichtwiese wohnt, der kann sich wirklich glücklich schätzen. So finden die Darmstädter hier direkt vor der Haustür einen echten Glücksort zum Entspannen und Auftanken. Die Auswärtigen haben es da etwas schwerer, denn ein bisschen versteckt liegt der Eingang zum Botanischen Garten schon. Nicht etwa durch das wunderhübsche historische schmiedeeiserne Tor auf der Südseite am Eck zum Breslauer Platz kommt man hinein. Zunächst geht es über das Gelände der biologischen Fakultät der Technischen Universität zum Eingang in das grüne Paradies der Schnittspahnstraße. Der wissenschaftliche Garten beherbergt über 8000 verschiedene Arten und steht bei freiem Eintritt nicht nur Studierenden, sondern allen Pflanzenfans und Erholungsuchenden zu den Öffnungszeiten offen. Wissenshungrige erfahren botanische Besonderheiten und spannende Geschichten bei den beliebten Freitagsführungen.

TIPP

Der Botanische Garten eignet sich gut als Ausgangspunkt für eine Wanderung auf dem Kotlettpfad nach Roßdorf.

Ein Rundgang auf eigene Faust durch die Parkanlage gleicht einer beflügelnden Fantasiereise über die Kontinente der Erde. Direkt rechts vom Eingang wachsen auf dem Yuccahügel Kakteen und exotische Agaven fast wie in Mexiko. Einfach mal die Augen schließen und auf das Summen zwischen den Blüten hören. In den kuschelig angewärmten Gewächshäusern trifft man auf einzigartige und exotische Pflanzen wie die „Calibanus hookeri", die ihren Namen von Shakespeares Figur „Caliban" aus „Der Sturm" trägt. Ohne auf hohe Berge zu klettern, lassen sich im Alpinum-Steingarten Pflanzen erspähen, die sonst nur im Hochgebirge zu Hause sind. Glockenblumen und Kuhschellen recken fleißig ihre hübschen Köpfe zwischen den Felsen empor.

Ein echter Hingucker sind die zum Teil uralten Bäume wie der Riesen-Lebensbaum oder der Zimt-Ahorn. Oder man lässt sich auf einer Bank nieder, lauscht dem Plätschern des Darmbachs. Wie wäre es zum Beispiel mit dem Platz unter der riesigen Platane? Das grüne Blätterdach rauscht beruhigend und man vergisst ganz schnell, dass man eigentlich mitten in der Stadt ist.

- Botanischer Garten, Schnittspahnstraße 5, 64287 Darmstadt, Tel. (0 61 51) 1 62 23 20
- ÖPNV: Bus K, Haltestelle Botanischer Garten/Vivarium

ssp. slavica
(G. Reus) Zanels
Haller's Kuhschelle
BG Tartu

Weingut mit Weitblick

24 Weinproben-Wanderung im Weingut Edling

Dass südlich von Darmstadt mit dem Weinanbaugebiet Hessische Bergstraße ein Paradies für Rebensafttrinker liegt, wissen viele. Dass es direkt vor Darmstadts Toren eine kleine Weingutperle zu entdecken gibt, ist vielleicht noch ein Geheimtipp. Umso besser, wenn man diesen Schatz gleich ganz ausführlich bei einer Weinprobenwanderung erkunden kann. In bester Stimmung treffen sich die Weinfreunde direkt am Gutskeller in der Kirchgasse inmitten von schmucken Schindel- und Fachwerkhäuschen mit Blick auf den Roßdörfer Kirchturm. Zur Begrüßung wird mit der spritzigen „Vulkanperle" angestoßen. Der Name des fruchtigen Perlweins nach Prosecco-Art verrät auch gleich, was das Weingut so besonders macht. Vor Millionen von Jahren entstand durch einen Vulkanausbruch der Roßberg, auf dem die Reben auf mineralischem Gestein wachsen dürfen.

TIPP
Es gibt eine schöne Rundwanderung vom Roßberg zum Rehberg mit Gipfelkreuz.

Auf diesen fast 300 Meter hohen Berg klettern die Weinwanderer gemeinsam mit Lisa Edling, die mit ihrer Familie den Betrieb in guter Tradition führt. Inmitten der ordentlich in Reih und Glied gebogenen Reben erklärt sie die einzelnen Arbeitsschritte vom Schnitt über das Biegen und Binden bis hin zur Reduktion der Trauben für den hochwertigeren Ertrag. Wer so Lust bekommt, auch einmal Hand im Weinberg anzulegen, der kann nach telefonischer Absprache im Herbst bei der Lese mithelfen. Die wird im Übrigen noch von Hand von einem erfahrenen Team aus dem Ort gemacht. Angekommen in der laubumrankten lauschigen Weinhütte kann man den traumhaften Ausblick bis hin zum Taunus genießen, bevor es zur eigentlichen Weinprobe mit kulinarischer Begleitung von Handkäs-Terrine bis Erdbeer-Tiramisu geht. Termine für die Weinproben im Weinberg werden von Mai bis August angeboten.
Schafft man es nicht, einen der begehrten Termine zu ergattern, so kann man auch am Wochenende im Weingarten in der Kirchgasse einkehren und bei Flammkuchen oder kleinen wechselnden Gerichten schöppeln. Oder einfach eine Flasche Wein in den Rucksack packen und auf eigene Faust den Sonnenuntergang auf dem Roßberg genießen.

- Weingut Edling, Kirchgasse 9, 64380 Roßdorf, Tel. (0 61 54) 84 02
www.weingut-edling.de
- ÖPNV: Bus GB, RH, MO1, 672, Haltestelle Rathaus (rund 5 Minuten Fußweg)

Schlemmen im Strandkorb

25 Das vegetarische „Radieschen“ in Eberstadt

Der letzte Urlaub an Nord- oder Ostsee liegt schon zu lange zurück und die Sehnsucht nach einer frischen Brise um die Nase und nach einem Strandspaziergang ist groß? Kein Problem! Gastwirt Norbert Walter hat es vor vielen Jahren von der Insel Wangerooge der Liebe wegen in den Süden von Darmstadt nach Eberstadt gezogen. Als Hommage an die alte Heimat sind die Strandkörbe mitgekommen und schmücken nun den grünen Sommergarten vor dem „Radieschen“. Hier kocht mittlerweile die nächste Generation konsequent vegetarisch und lecker, denn 2019 übernahmen die langjährigen Teammitglieder Anna Karlak und Erik Johnson das Küchenzepter.
Lange bevor das Thema vegetarische oder vegane Ernährung so richtig in Mode kam, tüftelten die Radieschen-Köche schon an ihren gesunden Kreationen. So finden sich im liebevoll gestalteten Speisebuch Klassiker wie das Bali Satay oder Gratin Dauphinois, aber auch neue Interpretationen mit Algenpesto wieder. Das Wort Speisebuch – und nicht Karte – ist hierbei vollste Absicht. Rund um die Gerichte werden kleine Geschichten zu Herkunft der Zutaten und Speisen erzählt. So träumt man sich bei „Alhambra – dem roten Palast“ hinter die Mauern eines geheimnisvollen Gartens und taucht kulinarisch ein in die Schönheit der Landschaft Granadas. Ein besonderer Genießer-Tipp sind die vielseitigen Vorspeisenteller oder das Tapas-Menü. Ideal für alle, die sich nicht entscheiden können, schlemmt es sich so querbeet mit kleinen Häppchen durch die Vielfalt der Küchen quer über den Globus. Dass das Serviceteam nicht nur freundlich und herzlich, sondern auch noch kreativ ist, entdeckt der Gast an der Wand hinter der Theke. Hier kann man „Maries Galerie“ entdecken, eine Sammlung von fröhlich gestalteten Zeichnungen aus Speisebuch und Wochenkarte der Mitarbeiterin Marie.
Wer dann trotz der gesunden, leichten Küche einen Verdauungsspaziergang braucht, der erkundet vielleicht noch die Eberstädter Sanddüne am Ulvenberg. Gleich an der Modaupromenade hinter dem „Radieschen“ wird so das Strandgefühl perfekt.

- Radieschen, Reuterallee 37, 64297 Darmstadt-Eberstadt, Tel. (0 61 51) 94 34 46 www.radieschen.com
- ÖPNV: Straßenbahn 1, 6, 7, 8, Haltestelle Wartehalle (rund 5 Minuten Fußweg)

Ein Platz zum Leben

26 Der Paulusplatz im Tintenviertel

Ruhe strahlt er aus, der ehrwürdige Paulusplatz als heimlicher architektonischer Star des Tintenviertels. Etwas abseits der Haupttouristenwege zwischen der hektischen Innenstadt und dem quirligen Bessungen laden die weißen Bänke rund um das Wasserbassin zu einer erholsamen Pause unter den schattigen Bäumen ein. Warum die Wohngegend so heißt? In der Planungszeit Anfang des 20. Jahrhunderts wohnten vor allem Akademiker und Beamte in den stilvollen Villen, die von ruhigen Platanen-Alleen gesäumt werden. Und die schrieben eben mit Tinte. Dem Architekten und Stadtplaner Friedrich Pützer verdanken die Darmstädter das ästhetische Ensemble von Kirche und Platz. Gleich gegenüber konzipierte Paul Meissner das repräsentative Bankhaus im Auftrag des Großherzogs Ernst-Ludwig, in dem heute die Evangelische Kirche in Hessen und Nassau ihr Verwaltungsgebäude hat.

Doch in all der Ruhe sprudelt nicht nur aus den Brunnen das Wasser, sondern auch ringsherum das Leben. Familien haben die kleine Spielstraße als nachmittäglichen Treffpunkt für sich entdeckt. Es wird auf den riesigen Bäumen geklettert, darunter geskatet und Fangen gespielt. Jugendliche chillen am Brunnen oder nutzen die Geländer für eine akrobatische Parkour-Einlage. Auf dem Kiesweg vor der großen Freitreppe treffen sich die Boulespieler und das entspannte Klicker-Klacker der Boulekugeln mischt sich in das muntere Treiben.

Wer dann doch noch einmal ganz die Ruhe spüren möchte, der setzt sich einfach in die Pauluskirche, deren Türen täglich von 10 bis 17 Uhr jedem offen stehen, und lässt den ästhetischen Kirchenraum auf sich wirken. Die umlaufenden Glasfenster, gestaltet von Helmuth Uhrig, erzählen das Leben des Apostels Paulus in 26 farbenfrohen Szenen. Auch Glück für die Ohren lässt sich hier finden. Neben einem vielfältigen Konzertprogramm sorgt der Organist Wolfgang Kleber auf der klangfarbenprächtigen Schuke-Orgel für eindrückliche Momente. Als Extra-Tipp für die Weihnachtszeit sei das Turmblasen an Heiligabend empfohlen.

- Paulusplatz und Pauluskirche, 64285 Darmstadt
  www.pauluskirche-darmstadt.de
- ÖPNV: Straßenbahn 3, Haltestelle Freiberger Platz; Straßenbahn 2, Haltestelle Herdweg

Das gute Porzellan

27 Museum im Prinz-Georg-Palais

„Ich hab noch einen wunderhübschen Weihnachtsteller von meiner Oma, den halte ich so richtig in Ehren", ruft eine Besucherin bei der Führung durchs Porzellanschlösschen. Viele können sich vielleicht noch erinnern, wenn sonntags oder zu festlichen Anlässen das gute Geschirr aus dem Schrank geholt wurde, um den Tisch besonders fein zu decken. Das sind dann nicht einfach nur Gebrauchsgegenstände, es hängen Emotionen und Erinnerungen an liebe Menschen und Ereignisse daran. Auch wenn die großherzogliche Gesellschaft an feinstes Service gewöhnt war und die Ausstellungsstücke im Prinz-Georg-Palais von hoher Handwerkskunst zeugen, so schwingt doch ein Stück von dieser nostalgischen Porzellanliebe mit. Neben dem mit prachtvollen Rosen, edlen Dekoren und Landschaftsmotiven geschmückten Geschirr gibt es im oberen Stockwerk filigrane Nippesfiguren zu bestaunen. Blumenschmuck stand früher noch nicht auf dem Tisch. Dafür gab es die kleinen Porzellanfiguren aus den Manufakturen, die mit ihren manchmal sogar frivolen Details die Fantasie beflügelten und für allerlei Gesprächsstoff sorgten.

TIPP

Im Lesesaal im Pretlackschen Gartenhaus einen Schmöker ausleihen und auf einer der Parkbänke den Tag genießen.

Das schmucke Palais, in dem die über Jahrhunderte gewachsene Sammlung seit 1908 der Öffentlichkeit zugänglich ist, ist eigentlich gar kein Schloss, sondern ein Gartenhaus. Mit der Pferdekutsche fuhr man vor, genoss den Ausblick vom Balkon der repräsentativen Räumlichkeiten auf den prachtvollen Rokoko-Garten hinter dem Museum. Für das Lustwandeln im Garten muss man heutzutage zum Glück nicht adelig sein. Wer nach dem Museumsbesuch noch ein wenig höfisches Leben schnuppern möchte, der flaniert auf den sorgfältig gepflegten Wegen und macht sich auf die Suche nach den prachtvollen Sonnenuhren. Im raffiniert angelegten Heckentheatergarten lauert hinter jeder Ecke eine neue spannende Perspektive. Die herzogliche Kinderschar spielte hier schon Verstecken und schauspielerte zur Unterhaltung der Gartengesellschaft. In Kooperation mit dem Staatstheater wird die Naturkulisse gegenwärtig im Sommer bespielt – ein ganz besonderes Glückserlebnis.

● Großherzoglich-Hessische-Porzellansammlung, Prinz-Georg-Palais, Schlossgartenstraße 10, 64289 Darmstadt, Tel. (0 61 51) 71 32 33
www.schlossmuseum-darmstadt.de/porzellanmuseum-darmstadt
● ÖPNV: Bus L, Haltestelle Friedrich-Ebert-Platz

Shoppen und genießen

28 Ein Bummel durch die Schulstraße

Zeil, Kö oder Kurfürstendamm? Pah, Darmstadt hat die Schulstraße! Hier muss man sich nicht die Füße wund laufen oder sich gar aufbrezeln, um einen gemütlichen Einkaufstag mit allem Drum und Dran zu erleben. Es reicht schon, die gerade einmal 150 entspannten Meter von Anfang bis Ende der kleinen, begrünten Einkaufsstraße zurückzulegen und kaum ein Wunsch muss offenbleiben. Chef oder Chefin stehen oft noch selbst hinter den Theken oder wie es so schön heißt: Die meisten Läden sind inhabergeführt. Nachhaltige Mode mit persönlicher Beratung, den angesagten Sneaker, neue Brille, ein individueller Blumenstrauß für die Freundin, die Wohnung braucht etwas Kunst an der Wand, frischer Haarschnitt? Zu all dem finden sich in den kleinen Geschäften tolle Lösungen.

TIPP

Im apéro-Hinterhof Billa's Catering & Kuchen besuchen: köstliche Bowls und Kuchen zum Niederknien.

Aber auch ohne Ziel lässt man sich beim gemütlichen Schlendern einfach mal treiben und inspirieren. Kulinarisch kann man in der Schulstraße auf Fast-Food-Ketten-Einerlei locker verzichten. Wie wäre es zum Start mit einer ausgefallenen Eiskugel aus der lokalen Coccola-Eismanufaktur: Basilikum, Hessisch-Mojito oder lieber Milchreis-Eis? Auf der Karte finden sich stets neue Kreationen und auch für Veganer ist immer etwas dabei.

Zum gesunden Mittagstisch fallen Hungrige am besten im ruhigen Innenhof auf einen der limonengelben Holzstühle von Elisabeths Suppkult. Die Zutaten für die einfallsreichen Suppen bringt ein Bauer direkt vom Feld frisch in die Suppenküche. Obendrein gibt es knackige Salate, die man sich auch selbst zusammenstellen kann, und fantastische Tagesgerichte. Wer einmal die Spinatknödel mit Parmesan probiert hat (freitags), der kommt immer wieder.

Am Nachmittag lässt sich ein Espresso oder ein kühles Glas im apéro mit bestem Blick auf die flanierenden Darmstädter genießen. Man trifft Freunde, den Nachbarn oder die lokale Prominenz. Wer seine Einkäufe gut verstauen will, mietet sich ein Lastenrad oder kauft gleich eins beim Fahrradhändler – natürlich auch in der Schulstraße. Großstadt? Och nö, danke, wir bleiben lieber hier.

- Schulstraße, 64283 Darmstadt, www.darmstadt-schulstrasse.de
- ÖPNV: Straßenbahn 2, 3, 9, Bus K, Haltestelle Schulstraße

SCHULSTRASSE
1 – 22
OXFAM
Buchshop
OXFAM

Klönen bei Kerzenschein

29 Künstlerkeller im Schloss

Ob altbekanntes Keller-Klub-Mitglied oder neugieriger Erstbesucher: Von Wirt Sergio Perez und seiner Frau Madzi wird jeder herzlich begrüßt. Wer sich auf die Suche gemacht und den versteckten Eingang zum Künstlerkeller im Parforcehof des Darmstädter Residenzschlosses erst einmal gefunden hat, der scheint dazuzugehören, sobald er die uralte Steintreppe hinuntergegangen und durch die massive hölzerne Tür mit Klopfer und Sichtfenster getreten ist. Früher einmal gab es geheime Klopfzeichen, um Einlass in den Klub der Künstler, Musiker und Literaten zu erhalten. Auch, wenn der Gewölbekeller in den vergangenen Jahrzehnten nichts von seiner geheimnisvollen und exklusiven Atmosphäre eingebüßt hat, sind heute alle Darmstädterinnen und Darmstädter und natürlich Gäste willkommen. An den langen, handgezimmerten Holztischen sitzt man ohnehin gerne mal zusammen, sollte es keinen freien Platz mehr geben.

Seit der Gründung des Keller-Klubs Anfang der 1950er Jahre bietet das Gewölbe Raum für Ausstellungen, Lesungen und Konzerte. Es war seither Schauplatz von erinnerungswürdigen Aftershow-Partys nach Büchner-Preisverleihungen sowie von Zusammenkünften der Künstlergruppe „Neue Darmstädter Sezession" und ist bis heute eine beliebte Location für tiefgründige Gespräche bei Rotwein und Kerzenschein bis tief in die Nacht. Im Vorraum befindet sich noch immer die „Keller-Galerie", in der traditionsgemäß kleine Ausstellungen stattfinden.

Was den Künstlerkeller so einzigartig macht, ist die Kombination von Kultur und kulinarischen Genüssen: Sergios Wohlfühlküche verwöhnt Kunstgenießer und Nachtschwärmer gleichermaßen mit frischen spanischen Leckereien (legendär die Gambas in Öl mit Knoblauch, Paella und Sepia) und hervorragenden Weinen. Für den kleinen Hunger bietet die Speisekarte typisch spanische Tapas, als kalte Gerichte üppige Salatteller. Ein Geheimnis hat der Künstlerkeller sich bewahrt: Hier werden Freundschaften fürs Leben besiegelt. Wer hier gemeinsam das Glas erhebt, wird sich noch lange an diesen Abend erinnern.

TIPP

Für „Lieber-draußen-Sitzer" ist der Biergarten Bastion im Schlossgarten eine gute Adresse.

- Künstlerkeller im Schloss, Marktplatz 15, 64283 Darmstadt, Tel. (0 61 51) 6 60 16 26 www.keller-klub.de
- ÖPNV: Diverse Busse und Straßenbahnen, Haltestelle Schloss (Stadtmitte)

Petris Lieblingsplatz

30 Spaziergang zur Fischerhütte

Die Kombination aus Wasser und Wald alleine verspricht schon Glücksmomente. Was gibt's Schöneres, als sich zum Feierabend zu einem Waldspaziergang auf den Weg zu machen. Die meisten Wanderlustigen starten am Vivarium am Schnampelweg. Dort kann man sich prima am Verlauf des Darmbachs orientieren, der munter mäandernd im Wald verschwindet. Unter der Eisenbahnbrücke hindurch taucht man ein unter das Blätterdach und kann erst einmal tief durchatmen. Blätterrauschen, Vogelgezwitscher, Bachgemurmel – vielleicht hört man aus der Ferne noch ganz leise die Odenwaldbahn schnurren, aber ansonsten ist es wunderbar still. Eine Gedenktafel am Bachufer erinnert an den Dichter Matthias Claudius, der an diesem Ort auf einer Reise nach Darmstadt vorbeikam. Die Idee zu den Strophen des melancholischen Abendliedes „Der Mond ist aufgegangen" könnte im Nebel der Lichtwiesen entstanden sein. Ob das so war, darüber streiten sich Darmstädter und Wandsbecker Heimatforscher.

Entsprungen ist hier auf jeden Fall der Darmbach, unweit des Oberjägermeisterteiches. An der hübschen steingefassten Quelle lässt sich wunderbar eine kleine Rast einlegen, bevor es zum eigentlichen Ausflugsziel weitergeht. Grün schimmernd tauchen die Fischteiche am Wegesrand auf. Seit den 1950er-Jahren angeln die Petrijünger an fünf kleinen, vom Darmbach gespeisten Teichen nach Zander, Barsch & Co.

Wer nicht selbst den Köder auswerfen will, nimmt auf der Sonnenterrasse der Fischerhütte Platz und lässt sich von Familie Huck mit leckeren Fischgerichten bekochen. Auf vielen Tellern sieht man die knusprige „Forelle Müllerin". Fans der deftigen Küche schwelgen im Schnitzelglück, am besten in der würzigen Kochkässoße. Die ist natürlich hausgemacht, genauso wie der feine Apfelstrudel zum Nachtisch. Am gemütlichsten wird es, wenn sich gegen Abend die Terrasse leert. Dann ist das Abendlicht am schönsten und man will am liebsten „hogge bleibe". Hat die Hütte dann zu, setzt man sich auf eine Bank am Teich und wartet, bis der Mond aufgeht.

- Fischerhütte, An den Fischteichen, 64287 Darmstadt, Tel. (0 61 51) 4 86 01
  www.fischerhuette-darmstadt.de
- ÖPNV: Bus K, Haltestelle Botanischer Garten/Vivarium

Aus Liebe zum Eis

31 Klingelingeling – Thildas Eisfahrrad

Es ist schon von Weitem zu erkennen, das große Fahrrad mit dem rosafarbenen Vorbau, das abwechselnd im Herrngarten, am Woog, in der Orangerie auf der Rosenhöhe oder am Oberfeld steht. Davor: lange Menschenschlangen, die alle nur eins wollen – Eis. Und nicht nur irgendein Eis, sondern Thildas Eis. Da wird jeder Platz, an dem das Eisfahrrad hält, zum Glücksort.

Eis und vor allem dessen Herstellung ist für Thilda alias Hannah Kling eine echte Herzensangelegenheit: Liebe, Handarbeit, wertvolle Zutaten, hoher Fruchtanteil, Zeit, Muße, Lust am Ausprobieren – wer mit ihr spricht, wird sofort mitgerissen von ihrer Leidenschaft für die wohl beliebteste Nascherei überhaupt. Und dass die Herstellung aus mehr besteht, als auf Knopfdruck eine Fertigmischung zu verrühren, ist für Hannah selbstverständlich. Gelernt hat sie das Handwerkszeug zur Eisherstellung, wie könnt es anders sein, in Italien, auf einer richtigen Eis-Universität.

TIPP
Eine selbst gebackene Waffel probieren – immer nur solange der Vorrat reicht.

Bei Thildas wird das Eis ganz traditionell hergestellt. Was aussieht wie ein großer Stabmixer, ist so ziemlich die einzige Maschine, die bei der Darmstädterin zum Einsatz kommt. In ihr werden alle Bestandteile verrührt, bis sie die gewünschte Konsistenz haben. Dabei müssen die Zutaten genau berechnet und ausgewogen kalkuliert sein. Nur so entsteht ein perfektes Eis: cremig, ohne sich wie Kaugummi zu ziehen, süß, aber bitte ohne Zuckerschock und mit so wenig Zusatzstoffen wie möglich.

Aber bis das perfekte Eis dann tatsächlich auf der Waffel landet, heißt es ausprobieren, verkosten, ausprobieren, verkosten … Mittlerweile hat Hannah über 100 Sorten in ihrem Rezeptbuch. In ihrem Laden bzw. Eisfahrrad stehen jeweils acht zur Auswahl, darunter auch ungewöhnliche Sorten wie Tonkabohne, Kürbiskern oder Ingwer-Orange. Immer im Angebot sind die Eisklassiker Schokolade und Vanille. Die mag einfach jeder. Auch Hannah leckt am liebsten am Schoko-Sorbet. Die auf Wasserbasis fast schon mousse-artige Masse ist Eisglück pur. Ja, davon will man definitiv mehr!

- Thildas Eis, Alexanderstraße 27, 64283 Darmstadt, Tel. (01 77) 6 78 80 26
  www.thildas-eis.de
- ÖPNV: Bus F, FU, H, KU, WE1, Haltestelle Alexanderstraße/TU

Kiwi
Bergamotte-Basilikum
NATÜRLICH AUS DARMSTADT
Thildas
EIS

Kunst für den Kopf

32 Im Hutladen schmitthut

Was wären Charlie Chaplin, die Queen, Indiana Jones oder gar Deutschlands wohl bekanntester Hutträger Udo Lindenberg ohne ihre Kopfbedeckungen? Melone, Zylinder, Cowboy-Hut – nicht nur die Klassiker wurden auf den Köpfen ihrer Träger zu richtigen Markenzeichen. Will man, was Kopfbedeckungen betrifft, eigene Akzente setzen, empfiehlt sich ein Abstecher zu schmitthut.

Ein Hut ist eine Nachricht an den Himmel – das Motto von Susanne Schmitt ist so klar wie schön. Und das ist auch die kleine Manufaktur im Darmstädter Martinsviertel. Seit über 20 Jahren fertigt die Modistin maßgeschneiderte Kopfbedeckungen an. Ein Blick durchs Schaufenster lässt bereits die Vielfalt der Hüte und Kappen erahnen. Da gibt es den blauen, samtigen Cloche-Hut, den beigen Schieber oder auch das ein oder andere sehr ausgefallene Exemplar.

So ist schmitthut die Adresse für alle Liebhaber von Kopfbedeckungen – und die, die es noch werden wollen. Nicht die extravaganten mit viel Federschmuck oder Schnickschnack, die auf mondänen Rennbahnen zu sehen sind, werden hier in aufwendiger Handarbeit gefertigt, sondern eher bodenständige Modelle. Vom Schuljungen über Kerweborsche bis zur 99-jährigen Dame, zu schmitthut kommen alle, die Wert auf persönliche Beratung legen. Außerdem macht es Spaß, das Material, das man schließlich auf dem Kopf trägt, vorab auch anzufassen und die Stoffe selbst auszuwählen. Von der Idee bis zur fertigen Kopfbedeckung – hier kommt alles aus einer Hand.

Ein maßgeschneiderter Hut ist etwas Langlebiges. Da kommt es nicht unbedingt auf Trends, sondern eher auf die Passform an. Und die ist bei jedem sehr unterschiedlich. Aber zuerst geht es darum, das richtige Material und die Form zu finden, erst dann zückt Susanne Schmitt ihr Maßband. Sogar Ludwig IV., der auf dem Darmstädter Friedensplatz auf seinem Pferd thront, wurde im Rahmen einer Kunstaktion schon von Susanne Schmitt vermessen. Ihre handwerkliche Arbeit versteht sie auch als Hut-Kunst, die schon in einigen Museen und Galerien zu sehen waren.

● schmitthut, Arheilger Straße 58, 64289 Darmstadt, Tel. (0 61 51) 9 67 84 30
www.schmitthut.de
● ÖPNV: Straßenbahn 4, 5, 7, 8, Bus 751, L, WE1, WE2, n71, Haltestelle Pallaswiesenstraße (rund 10 Minuten Fußweg)

Köstlich von früh bis spät

33

Einklang im 3klang

Reinkommen und wohlfühlen. Ob mit Freunden zum Frühstück, mit Oma auf ein Stück Kuchen oder zum Abendessen mit dem Partner – hier hat jedes Magenknurren ein Ende, egal ob morgens, mittags oder abends. Mit dem 3klang haben die beiden Betreiberinnen einen Ort geschaffen, wo sie sich selbst wohlfühlen. Modern, aber nicht zu stylisch, sympathisch, aber nicht anbiedernd, mit einer abwechslungsreichen Küche, die immer wieder überrascht, aber auch Gewohnheiten kennt: Hier findet einfach jeder was zum Glücklichwerden.

Aus drei mach eins – das Konzept stand von Anfang an und galt damals schon wie heute noch: ein Café, ein Restaurant und eine Bar an einem Ort, wo sich alle willkommen fühlen. Eine geeignete Location fand sich auch schnell und dann war nur noch minimale gegenseitige Überredungskunst gefragt, um den Architekten-Job und das BWL-Studium an den Nagel zu hängen. Imke Münster und Nina Pauschert sind nun schon seit 2003 mit Herzblut dabei, ihre Gäste kulinarisch zu verwöhnen und das schmeckt und fühlt man bei jedem Bissen.

Wer möchte, kann jeden Tag in etwas anderes beißen – die Tageskarte hält täglich wechselnde Gerichte bereit. So wird es nicht nur Stammkunden nie langweilig. Frisch, saisonal und international lässt sich die Küche beschreiben. Die Köche dürfen bzw. sollen kreativ sein und können sich austoben: indisches Süßkartoffel-Curry, Wildpilzstrudel, hausgemachte Ravioli, gratinierte Aubergine, Rindfleisch-Capeletti, Petersilienpesto zu dreierlei Knödel … Die Liste ließe sich endlos fortschreiben, würde aber sogar satte Mägen wieder zum Knurren bringen. Vom Meatlover über den Vegetarier bis zum Veganer, die Karte ist vielfältig und was nicht passt, wird auch mal passend gemacht. Da hilft nur selbst reinschauen, bestellen und genießen. Im Sommer direkt mit Blick auf den quirligen Riegerplatz im Herzen des Darmstädter Martinsviertels.

TIPP

3klangs kleine Schwester Lola gleich nebenan bietet Kleinigkeiten aus der vegetarischen/veganen Küche.

- 3klang, Riegerplatz 3, 64289 Darmstadt, Tel. (0 61 51) 6 69 88 43
  www.3klang-bar.de
- ÖPNV: Bus L, Haltestelle Heinheimer Straße; Straßenbahn 4, 5, 7, Haltestelle Pallaswiesenstraße (rund 10 Minuten Fußweg)

Einfach Kind sein

34 Auf der Kinder- und Jugendfarm

Streunen wie die Kinder von Bullerbü, Superkräfte testen wie Pippi oder experimentieren wie Peter Lustig – auf der Kinder- und Jugendfarm im Darmstädter Stadtteil Arheilgen ist die Welt so, wie sie Kindern gefällt: bunt, ein wenig durcheinander, liebevoll, spannend, verspielt und tierisch aufregend.

Ob Frühling, Sommer, Herbst oder Winter, den Jahreskreis zu erleben, ist auf einer Farm besonders spannend, denn dort wird gesät, gepflegt und geerntet. Die Schafe werden im Frühling geschoren, im Herbst wird das Erntedankfest gefeiert und auch zwischendurch gibt's immer was zu tun, zu entdecken oder auszuprobieren. Dabei entscheiden die Kinder selbst, welche Aufgaben sie übernehmen oder ob sie einfach nur herumtollen möchten.

TIPP
Kindergeburtstag auf der Farm feiern mit Ponyreiten und allem, was dazugehört.

Vereinsmitglieder haben die Möglichkeit, hier ihre Kinder an sechs Nachmittagen der Woche betreuen zu lassen. Sozialpädagogen machen Angebote wie Backen, Basteln, Imkern oder die Kinder versorgen die vielen Tiere auf der Farm. Vom Kaninchen über Frettchen und Ziegen bis zu Pferden – die tiergestützte Erlebnispädagogik steht auf der Kinder- und Jugendfarm bei Groß und Klein im Fokus. Vom Hühnerhelfer zum Hühnerprofi: Hier kann man unter Anleitung lernen, was es bedeutet, sich um Tiere zu kümmern und diese auch verantwortungsvoll zu versorgen. Die Laufbahn vom Helfer zum Profi gilt nicht nur für die Tierpflege – auch Feuerhelfer und Feuerprofis werden bei den Lagerfeuern immer gebraucht.

Auch Gäste sind willkommen! Gegen eine kleine Spende kann das gesamte Gelände mit Aktivspielplatz, Teich, Trampolin, Wiese sowie Fühl- und Tastpfad genutzt werden. Ein kleines, großes Kinderparadies zum Toben und Reinschnuppern, denn– hier haben nicht nur Hühner freien Auslauf über das ganze Gelände – und das ist besonders für Stadtkinder eine willkommene Abwechslung.

- Kinder- und Jugendfarm Darmstadt e.V., Maulbeerallee 59, 64291 Darmstadt, Tel. (01 57) 54 15 79 33, www.jugendfarm-darmstadt.de
- ÖPNV: Straßenbahn 6, 7, 8, Haltestelle Maulbeerallee (rund 10 Minuten Fußweg)

W C
Ponys
Frettchen
Schafe

Im Naturfreundehaus

35

Ausflugsziel Moret

Zwischen Darmstadt und Dieburg, in der Nähe der Grube Messel, erhebt sich der sogenannte Mainzer Berg. Auf gerade einmal 227 Meter schafft es der Ausläufer des nördlichen Odenwalds, was den südhessischen Wintersportlern – früher zumindest – für ein kurzes Schneevergnügen durchaus ausgereicht hat. Sogar einen Schlepplift gab es hier einmal. Sobald es die selten gewordenen Schneeflocken in die Niederungen schaffen, erlebt der Hang eine Renaissance seines ursprünglichen Daseins. Man trifft sich zum Rodeln und zum Einkehren im nebenan liegenden Naturfreundehaus.

Das Naturfreundehaus Dieburg ist eigentlich nur als Moret bekannt. Uff die Moret geht, wandert oder radelt man. Namensgeber ist hier der Abtragungsschutt eines Gebirges, auch Molasse und im Raum Messel Moret-Schichten genannt. Auf der Moret sind schon Generationen von Ausflüglern eingekehrt. Das ganze Jahr über sorgen ehrenamtliche Naturfreunde für die Stärkung der Ausflügler. Ob Frühstück, ein herzhaftes Schnitzel oder Kuchen – egal, wann hier eingekehrt wird, freudig sehnen Outdoor-Begeisterte die Auszeit mitten im Wald herbei. Denn unter dem natürlichen Blätterdach lässt sich ein heißer Sommertag besonders gut aushalten. Während die Kinder sich auf dem Spielplatz weiter austoben, können sich die Erwachsenen gleich in Sichtweite zum Ausruhen niederlassen. Seit 1925 gibt es bereits die Ortsgruppe der Naturfreunde in Dieburg, die die Moret zu dem gemacht haben, was sie ist. Ein Ort der Begegnung für Groß und Klein, die alle eines verbindet: die Liebe zur Natur.

TIPP

Am 1. Mai ist Familienfest, am ersten Sonntag im September Sommerfest mit Live-Band.

Direkt neben der Gaststätte liegt das Wanderheim, das Kinder-, Jugend- oder Wandergruppen mieten können. Über einen knapp drei Kilometer langen Waldweg gelangt man von der Moret in östlicher Richtung direkt zum Spießfeld, dem Freizeitzentrum in Dieburg, das ebenfalls ein beliebtes Ausflugsziel ist. Gen Westen erreicht man nach ca. sieben Kilometern das Oberwaldhaus, Darmstadts Naherholungsgebiet.

● Naturfreundehaus, Auf der Moret 10, 64807 Dieburg, Tel. (0 60 71) 2 21 59
www.naturfreunde-dieburg.de

Willkommene Erfrischung

36 Baden im Woog

Nur der zehn Meter große Sprungturm deutet an, was sich hinter dem Woogsdamm in der Beckstraße verbirgt: ein Badesee mitten in der Stadt. Mit seinen knapp sechs Hektar zählt er eher zu den kleineren Seen in der Umgebung, muss sich aber trotzdem keinesfalls verstecken. Denn ein Stadtsee hat Seltenheitswert.
Bereits 1567 vom Landgrafen zur Erweiterung der Speisekarte angelegt, fungierte der See nicht nur als Fisch-, sondern auch als Löschteich. Der berühmteste Badegast war wohl Goethe, der sich 1775 im Woog abkühlte – und das angeblich nackt, so zumindest ist es überliefert. FKK hat sich seitdem nicht etabliert, aber Abkühlung verspricht der See noch immer.
Seit 1820 dürfen alle Darmstädter darin baden. Das Naturfreibad ist für viele ein echter Sehnsuchtsort an heißen Sommertagen. Und dass das auch so bleibt, darum kümmern sich die Schlammbeißer und die Woogsfreunde, die sich für die Instandhaltung und den Erhalt des Woogs einsetzen. Als Mitglied der Schwimmgruppe Schlammbeißer, die sich bereits 1911 gründete, ist Hannelore Mayerhofer de Montoto frühmorgens am liebsten mit bei den Ersten, die ihre Runde im See drehen. „Da ist es schön ruhig und von den Bänken im Familienbad schaut man auf die Insel rüber mit den Bäumen und fühlt sich wie im Süden", schwärmt sie und ergänzt: „Und das mitten in der Stadt. Fehlen nur noch die Palmen."
Steg oder Rasen, Sprungturm oder Rutsche, 50-Meter-Bahn oder Babybecken? Die Besucher haben die Qual der Wahl, wo sie ins lauwarme und zugegebenermaßen auch etwas trübe Wasser abtauchen möchten: im Familienbad oder doch lieber auf der Insel. Die geringe Tiefe lässt die Wassertemperatur schnell auf angenehme 20 Grad steigen. Wo wir wieder beim Süden wären.
Zugegeben, das Wasser könnte blauer sein, aber immerhin hat die Farbe nichts mit der Wasserqualität zu tun; die ist meist ausgezeichnet. So denkt man sich das Blau des Meeres und die Palmen einfach dazu und fertig ist das Südsee-Feeling in einem südhessischen Sommer.

TIPP

Vom Woog Café auf dem Woogsdamm den Blick über den See genießen.

- Naturfreibad Großer Woog, Badestelle Familienbad: Landgraf-Georg-Straße 121, 64287 Darmstadt; Badestelle Insel: Heinrich-Fuhr-Straße 20, 64287 Darmstadt,
- ÖPNV: Bus K, Haltestelle Jugendstilbad; Straßenbahn 2, 3, 9, Haltestelle Schloss; Odenwaldbahn bis Bahnhof Darmstadt Ost; Bus 671, 672 und weitere Überlandbusse, Haltestelle Elisabethenstift/Woog

Essen im Automatenmuseum

37 Im Cafe Chaos

Was haben ein verregneter Kurzurlaub, Brötchen holen und Echo lesen gemeinsam? Ohne diese Verkettung von Umständen gäbe es kein Chaos - bzw. Chaos vielleicht schon, aber nicht das Cafe Chaos. Gerd Peter und seine Frau kommen eigentlich aus dem grafischen Gewerbe, hatten aber Lust und den Mut auf Veränderung und wagten 1983 den Sprung ins Gastro-Geschäft. Zum Glück! Denn das Cafe Chaos, direkt neben dem Jugendstilbad, war und ist seit Jahrzehnten alles in einem: Studentenkneipe, Mehrgenerationencafé, Restaurant, Bar – und für viele ein echter Lieblingsort.
Schon die besondere Architektur, dreieckig, ein sogenanntes Bügeleisengebäude, gibt den Rahmen vor, der drinnen mit gemütlichen Separees, Nischen, einem Hinterzimmer und ein bisschen Klimbim ausgefüllt wird. Glück hat, wer den runden Tisch direkt hinter dem Tresen ergattert – hier isst man zurückgezogen und dennoch mittendrin.
Knallgelb und nicht zu übersehen sind die Schilder, die eindringlich auf die Motzdoch-Pita oder das Heavy-Hörnsche hinweisen. Was man sich genau unter den teilweise sehr ungewöhnlichen Speisenamen vorzustellen hat, weiß die Bedienung oder man lässt sich einfach überraschen.
In all den Jahren hat sich im Grunde wenig verändert und wenn, dann hat Gerd Peter selbst Hand angelegt. Das Chaos ist sein Lebenswerk und das spürt man, von der Speisekarte bis zu den liebevoll restaurierten, mit allerlei Krimskrams gefüllten Automaten. Draußen, im Gastraum –und vor allem auf den Weg zu den Toiletten – man kommt an den über 50 teils sehr alten Modellen einfach nicht vorbei. Einwerfen, drehen, Hand aufhalten: Da leuchten nicht nur Kinderaugen, wenn Kaubonbons sprudeln.
Unkonventionell, frech, direkt, originell, bodenständig und natürlich lecker – so soll das Cafe Chaos ab sofort auch unter neuer Leitung fortgeführt werden. Keine Sorge: Alles bleibt wie immer!

- Café Chaos, Mühlstraße 36, 64283 Darmstadt, Tel. (0 61 51) 2 06 35
- ÖPNV: Bus K, Haltestelle Jugendstilbad; Straßenbahn 2, 3, 9, Haltestelle Schloss

In der ersten Reihe

38 Auf und um den Georg-Büchner-Platz

Die Sonne brennt, städtisches Geräusche-Wirrwarr summt leise im Ohr, die Fontänen plätschern in Dauerschleife vor sich hin und verwandeln den Beton auf dem Georg-Büchner-Platz in eine glitzernde Wasserfläche, durch die man an heißen Sommertagen gerne watet. Aber Vorsicht: Rutschgefahr! Wer hier eine Weile sitzt, wird ganz unfreiwillig Zeuge diverser Rutsch- und Schlittermanöver vorbeieilender Passanten.

Von den Steinbänken aus – mit dem Wilhelminenplatz im Rücken, an dessen Ende die Ludwigskirche mit ihrer riesigen Kuppel thront, – schweift der Blick gen Staatstheater. Der Georg-Büchner-Platz gibt die Sicht auf das außergewöhnliche, nicht unbedingt schöne, aber doch interessante Kulturgebäude frei. Was aber vor allem zählt, ist das Geschehen und die Stimmung dazwischen. Im grün-grauen Zebra-Look wechseln sich Rasen- und Betonstreifen ab, auf denen unzählige Menschen eine Pause einlegen, innehalten, verweilen, die Sonne genießen, sich die Zeit vertreiben, Freunde treffen, ein Eis schlecken und einfach einen glücklichen Moment genießen. Der Theatervorplatz ist ein idealer Ort, um direkt in der Innenstadt in unmittelbarer Nähe zur Fußgängerzone einmal kurz die Seele baumeln zu lassen.

TIPP

Vom Büchner-Garten auf der Dachterrasse des Staatstheaters bietet sich die gegenüberliegende Perspektive auf den Platz.

Ins Auge stechen vor allem die Eingänge zur Tiefgarage. Wie Pilze oder riesige Sonnenschirme ragen die neun Beton-Gebilde am linken und rechten Rand empor und verleihen dem Platz sogar ein wenig Allee-Feeling. Ein weiterer Blickfang ist die große drehbare Bronze-Plastik „Grande Disco", die gerne von Kindern gedreht wird und schon seit den 1970er-Jahren ein Hingucker ist.

Die Gegend rund um den Georg-Büchner-Platz hätte auch den Namen Theaterviertel verdient. Nicht nur das Staatstheater mit insgesamt über 1600 Plätzen ist hier verortet, auch die kleineren Häuser wie das Theater Mollerhaus und das halbNeun Theater sind in unmittelbarer Nähe.

- Georg-Büchner-Platz, 64283 Darmstadt
- ÖPNV: Bus H, K, diverse Straßenbahnen, Haltestelle Luisenplatz

Der Idiot
und bring uns
dein nacktes Leben
Atem

Das Lahm(a)-Sein genießen

39 Spazieren mit Checkers & Co.

Von den Anden fanden Lamas und Alpakas den Weg bis auf heimische Tassen, Taschen und weitere Deko-Utensilien. Viel näher kommt man ihnen im Darmstädter Osten. Am Oberfeld bietet die LebensSchuleNatur fünf Lamas und zwei Alpakas ein Zuhause. Was diese besonderen Tiere ausmacht, erzählt Andreas Kruk beim wöchentlichen Lama-Spaziergang. Jeder ist herzlich willkommen, daran teilzunehmen und auch mal die Leine zu übernehmen. Mit einem Lama im Schlepptau übers Oberfeld zu spazieren ist ein besonderes Erlebnis. Ganz nebenbei erfährt man viel über die Tiere und was es heißt, von ihnen zu lernen.

Lamas und Alpakas sind eher scheue und ängstliche Tiere, die aber auch sehr viel Ruhe und Gelassenheit ausstrahlen, was sich auf die oft hektischen Menschen positiv auswirkt. Wenn das Lama in aller Seelenruhe gemächlich neben einem dahertrottet, verlangsamt sich der eigene Schritt automatisch. Mit dem Tier an der Leine stellt sich sofort eine Rücksichtnahme ein, es geht nicht mehr nur um einen selbst, sondern um Checkers, Emilio, Paco, Gonzo, Helmfried, Pablo und Sancho, die mal hier Halt machen oder dort im Gestrüpp wühlen. Da Lamas über sehr lange Distanzen ohne Wasser auskommen können, sind sie gute Wanderer mit großer Ausdauer. Genau die richtige Eigenschaft für einen längeren Spaziergang. Und keine Angst, sie spucken tatsächlich selten und eigentlich nur aus Futterneid auf ihre Artgenossen, selten auf Menschen.

Mitgründerin der LebensSchuleNatur ist Beate Kuby, die schon seit Jahren tiergestützte Psychotherapie anbietet. Auf dem Gelände am Oberfeld will der Verein Menschen, Tiere und Natur zusammenbringen. Angebote wie der Lama-Spaziergang, aber auch Lama-Yoga auf der Wiese, Meditationen oder Workshops wie Seife selber herstellen oder Ernte einwecken sind nur ein Teil des vielfältigen Angebots. Zelten & helfen ist ein anderes. Wie wär's mit einer Woche für Kost und Logis auf dem Gelände zelten und mitanpacken: Bauen, pflanzen, füttern – es gibt genug zu tun. Ob in der Jurte, im Bauwagen oder einfach nur draußen in der Natur.

- LebensSchuleNatur, Seitersweg 150, 64287 Darmstadt, Tel. (01 51) 64 04 54 24
www.leschuna.de
- ÖPNV: Bus GB, MO1, RH, Haltestelle Hofgut Oberfeld (rund 10 Minuten Fußweg); Bus F, FU, Haltestelle Regersweg (rund 7 Minuten Fußweg)

Aus Altem Neues gestalten

40

Im Ubuntu-Dorf

Von außen ein ganz gewöhnliches Wohnhaus im Martinsviertel. Von innen eine Schatzkiste voller origineller Fundstücke, ein Schlaraffenland für Kreative, eine Fantasiewelt, die jeder weiterträumen kann, ein Glücksort, den man ganz individuell gestaltet.

Große Augen machen – die Redensart bekommt bei Ubuntu die ihr zustehende Bedeutung. Es geht gar nicht anders, als durch die vielen Räume mit großen Augen und einem WOW auf den Lippen zu gehen. Überall bleibt der Blick hängen. Ob am liebevoll zum Regal umgestalteten Zupfinstrument, an der riesigen Auswahl an Materialien, Farben und Formen – von Wachsresten und alten Dias über Kugelschreiberfedern und Korken bis zu Fliesen und Kassettenbändern – hier wird alles verwertet, verbraucht und verbastelt. Bis zu zehn Umzugskartons erreichen die Mollerstraße 23 jede Woche und werden so schnell wie sie gekommen sind, auch schon wieder verwertet.

Im Ubuntu-Universum geht es vor allem um Kreativität und Nachhaltigkeit und um die Förderung dieser. Auf drei Etagen plus Keller lagern die gespendeten Materialien, die fein säuberlich sortiert und wunderschön angerichtet auf ihr zweites Leben warten. Und man kann tatsächlich auch Materialien kaufen – mit Einkaufskörbchen wie in einem echten Kaufhaus. Kreativangebote für Kinder und Erwachsene, Schulprojekte, Material-Koffer für Zuhause, für jeden gibt es die Möglichkeit, an der Ubuntu-Welt teilzuhaben. Sogar ein fahrendes Materiallager in Form eines Kleinbusses, vollgepackt mit vielfältigen Werkstoffen, fährt regelmäßig öffentliche Plätze und Spielplätze an und kommt so direkt zu den Menschen.

Das Gemeinsame liegt der Ubuntu-Gründerin und Kunstkreativtherapeutin Ina Stoppels besonders am Herzen. Ubuntu bedeutet so viel wie: Ich bin, weil wir sind. Es sollen alle willkommen sein, ihrer Kreativität freien Lauf zu lassen, um sich neue Ausdrucksweisen zu erschließen. Dabei ist das Ergebnis nebensächlich, kann aber auch ein schönes Nebenprodukt sein. Was Ina Stoppels geschaffen hat, lässt sich mit Worten schwer beschreiben. Man muss einfach vorbeikommen.

TIPP

Offenes Haus an Freitagen und Samstagen – einfach mal reinschnuppern.

- Ubuntu e. V., Mollerstraße 23, 64289 Darmstadt, Tel. (0 61 51) 9 71 60 70 www.ubuntu-dorf.de
- ÖPNV: Straßenbahn 4, 5, 6, 7, 8, Haltestelle Rhönring

Ein bisschen Süden

41

Der Bessunger Orangeriegarten

Ein Platz unter Palmen mit einem Hauch von Côte d'Azur oder Amalfiküste, Dolce-Vita-Urlaubsgefühl dazu? Einfach durch das prächtige schmiedeeiserne Tor unter der rot-goldenen Krone durchschlüpfen und eintreten in das barocke Gartenparadies mitten in Darmstadt. Am besten hat man einen Kaffee „to go" aus einem der umliegenden Cafés wie zum Beispiel dem Godot oder der Linie 3 dabei. So lässt es sich entspannt mit einem Buch auf einer der zahlreichen Bänke sitzen und die bunte Pracht der Blumen aufsaugen oder dem Plätschern der Wasserfontänen lauschen. Der prachtvolle Garten entstand 1720 und war zunächst nur dem Adel vorbehalten. Wie der Name schon ahnen lässt, beherbergte das schmucke Hauptgebäude die damals in Mode gekommenen Zitrus- und Südpflanzen im Kübel zur Überwinterung. Heute haben sie im neuen Gewächshaus ihr Quartier. Längst ist der Garten für alle geöffnet und das Orangeriegebäude kann für Events gemietet werden.

TIPP

Die besten veganen Bowls zum Mitnehmen in den Park gibt's bei plantyful in der Niederstraße.

Im gleichnamigen italienischen Restaurant lässt es sich auf hohem Niveau mediterran speisen – ein perfekter Ort für einen besonderen, romantischen Abend. Wer lieber selbst am Herd steht und dabei Wert auf frische, regionale Zutaten legt, der kommt freitags zum Markttag in den Park. Dann gibt es allerköstlichsten Kaffee von Stefans mobiler Kaffeebar. Als besonderer Tipp sei auch der Honig vom Darmstädter Stadtimker oder die leckeren Bergsträßer Weine aus solidarischer Bio-Landwirtschaft vom Weingut Feligreno empfohlen. Bei Bäcker, Metzger oder Gemüsehändler kann man sich gleich für ein Parkpicknick eindecken.

Kinder und Eisfans freuen sich über eine Erfrischung aus Carlos Eisboutique, die praktischerweise auch eine Filiale gleich hinter dem Parktor Richtung Bessunger Schwimmbad hat. Familien nutzen den Spielplatz und die Kieswege eignen sich sowieso optimal für die ersten Versuche mit dem Laufrad. Die Jugend chillt auf den Wiesen, Sportliche drehen ihre Runden oder entspannen im Sommer bei Outdoor-Yoga. So findet jeder sein eigenes kleines Genießerglück.

- Orangeriegarten, Bessunger Straße 44, 64285 Darmstadt
- ÖPNV: Straßenbahn 3, Haltestelle Orangerie oder Freiberger Platz

Gar nicht schaurig

42

Auf der Burg Frankenstein

Über die kurvenreiche Straße können Besucher mit dem Auto ganz bequem bis vor die Tore der Burg im Süden Darmstadts gelangen. Aber dann verpassen sie das Beste. Denn viel schöner erklettern sich die 370 Höhenmeter über den Burgensteig mit Start in Eberstadt oder auf einem der zahlreichen Mountainbike-Trails mit dem Rad. Am allerschönsten ist der Aufstieg aber über die Himmelsleiter mit Start im Mordachtal. Ja, die 256 mal steinernen, mal hölzernen Stufen haben es in sich und ein wenig Grundkondition schadet nicht, aber umso größer sind Freude und Stolz bei der Ankunft.

Ist die Burg Frankenstein nun eine Burg mit Gruselfaktor? Für die einen ja. Sie pilgern jedes Jahr in Scharen zum herbstlichen Halloween-Spektakel und genießen spukiges Monster-Treiben inmitten des Burggemäuers. Dabei lebt die Anziehungskraft des Festivals von dem Mythos, der Weltbestseller der Engländerin Mary Shelley „Frankenstein oder Der moderne Prometheus" sei inspiriert vom Namen der Burg oder ihrem berühmt-berüchtigten ehemaligen Bewohner Johann Konrad Dippel, einem Arzt und Alchimisten. Mythos oder Wahrheit – der Anziehungskraft der Burg tut dies keinen Abbruch.

Die anderen Ausflügler, Wanderer und Naturliebhaber machen sich wegen der traumhaften Fernsicht in die Rheinebene auf den Weg. Oder sie wollen den rund drei Kilometer langen Erlebnispfad rund um die Burg erkunden. Ob Kräuter-Riech-Garten für die Sinne, Wald-Xylophon, Eichhörnchentelefon, Lindwurmteich, Barfußpfad oder Laubtunnel – es macht riesigen Spaß, die spannenden Stationen gerade mit Kindern zu erkunden.

Mittelalterfans schwelgen in Ritterromantik und klettern zwischen den Mauerresten umher. Heiratswillige sollten einen Blick in die kleine, verträumte Burgkapelle werfen. Hier versprachen sich schon die Mitglieder der Familie Frankenstein die ewige Liebe. Ob das eine Glücksgarantie ist? Auf der Aussichtsterrasse des Burgrestaurants zu sitzen und in den Sonnenuntergang zu schauen löst Glücksgefühle aus, versprochen.

- Burg Frankenstein, 64367 Mühltal
www.schloesser-hessen.de/de/burg-frankenstein
- ÖPNV: Straßenbahn 6, 7, 8, Haltestelle Friedhof (Fußweg Burgensteig); zur Himmelsleiter Bus BE1, Haltestelle Frankenberger Mühle

Bitte zu Tisch!

43 In der Lieblingsküche am Willy-Brandt-Platz

Platz nehmen, wohlfühlen und lecker essen. So einfach ist das Glücksrezept in der Lieblingsküche. Ob die urige Holzhütte wirklich einmal als ehemalige Jagdhütte in Hoxhohl im Odenwald stand und Stück für Stück in die Darmstädter Innenstadt transportiert wurde, ist nicht ganz geklärt. Fakt ist, dass Matias Opazo mitten in der Innenstadt direkt hinter dem Herrengarten eine kleine Schlemmer-Oase schuf, in der man herrlich lecker essen kann – fast wie daheim. Wer sich hier zum Ausklang der Woche am offenen Küchenabend einfindet, braucht nicht lange die Karte zu studieren. Gegessen wird, was auf den Tisch kommt. Dabei sitzt man an einer langen Holztafel mit Blick auf den Kochherd, kann beim Geschnippel zusehen und sich durch die herrlichen Aromen und Gerüche aufs Essen vorfreuen. Das wandert direkt aus den Kochtöpfen immer wieder verblüffend vielfältig in bunten Schüsseln auf den Tisch.

Überraschend sind an den Kochabenden auch die Tischnachbarn. Auf den gemütlich zusammengewürfelten Stühlen sitzen Foodies gemeinsam mit Gleichgesinnten und können sich über ihre Lieblingsthemen rund ums leckere Essen und Zutaten austauschen. Gastgeber Matias lässt sich dabei auch gerne ins Gespräch verwickeln und gibt Tipps zum Kochen für zu Hause mit. Wem das noch nicht ausreicht, der bucht einfach einen Kochkurs und kann dann so richtig selbst Hand anlegen. Bei den Abenden der offenen Küche lässt man sich aber nur verwöhnen und das macht auch den Unterschied zu daheim. Um Abräumen und Abwasch kümmert sich das Lieblingsküchenteam. Inspiration für seine Kochkunst findet Matias am liebsten auf Reisen durch alle Welt. Wer Glück hat, für den kocht er seine Spezialität: erfrischend frische und feine Ceviche. Auch beim „Lomo del trapo" vom Holzfeuer kommen die südamerikanischen Wurzeln des Gastgebers zum Tragen. Hütten-Feeling kommt immer im November auf. Dann wird der Holzofen geheizt und zum Fondue-Abend geladen. Am Kaminfeuer das Weißbrot in den blubbernden Käsetopf tauchen – das ist pures Seelenessen.

- Lieblingsküche, Frankfurter Straße 2a, 64293 Darmstadt, Tel. (0 61 51) 9 18 42 45 www.lieblingskueche-darmstadt.de
- ÖPNV: Straßenbahn 4, 5, 6, 7, 8, Bus L, WE1, 2, 3, 4, Haltestelle Willy-Brandt-Platz

Lieblingsküche

Kletterpartie im Urwald

44 Fabienne-Steig und Forsthaus Kalkofen

Während man auf Baumstammscheiben durch den wilden Wald balanciert und die schönen Schattenspiele der Laubbäume genießt, fühlt man sich sofort wieder in die eigene Kindheit zurückversetzt. Der Fabienne-Steig, im Wald zwischen den Stadtteilen Arheilgen und Kranichstein gelegen, hat das Zeug zum absoluten Wohlfühlort, denn hier zeigt sich der Wald von seiner ursprünglichsten Seite. Seinen Namen verdankt der Waldabschnitt dem Sturm „Fabienne", der im Sommer 2018 gewütet und einen deutlich geschädigten Wald zurückgelassen hat. Der Landesbetrieb HessenForst hat daraufhin beschlossen, den Wald sich selbst heilen zu lassen. Baumstämme liegen hier kreuz und quer, die Vegetation wird sich selbst überlassen und wuchert langsam zu.

Nun können große und kleine Besucher über entwurzelte Bäume klettern und allerhand Abenteuer in dem magisch anmutenden Wald erleben. Echtes Urwaldgefühl kommt auf, wenn man den verschlungenen Weg erkundet, durch tiefhängende Äste und dichtes Blattwerk schleicht oder das Gleichgewicht auf Brücken aus Baumstämmen halten muss. Der etwa 800 Meter lange Pfad ist dank Kletterhilfen in Form von Holztreppen und Geländern ohne Vorkenntnisse begehbar, festes Schuhwerk ist allerdings von Vorteil. Sieben Stationen mit Infos zum Thema Wald erklären interessierten Waldabenteurern die Auswirkungen von Klimaveränderungen und Stürmen auf den Baumbestand. Gegen Ende erreicht man noch einen kleinen Naturspielplatz aus Ästen und Stämmen; Holzrampen und Leitern zwischen entwurzelten Bäumen laden zum Klettern und Verstecken ein.

Wer sich nach dieser Auszeit für den Geist eine erholsame Pause für den Körper wünscht, kehrt in das nahegelegene Forsthaus Kalkofen ein. Im gemütlichen Biergarten duftet es nach Würstchen vom Schwenkgrill. Den hausgemachten Kochkäs' lässt man sich ebenso gerne schmecken wie einen erfrischenden gespritzten Ebbelwoi oder ein Fassbier der lokalen Brauereien. Wenn dann noch die frei laufenden Pfaue ihr farbenprächtiges Rad schlagen, ist das Glück perfekt.

● Fabienne-Steig, Kalkofenschneise, 64291 Darmstadt (Eingang einige Hundert Meter hinter dem Parkplatz der Gaststätte Kalkofen)
Zum alten Forsthaus Kalkofen, Kalkofenweg 90, 64291 Darmstadt, Tel. (0 61 51) 37 14 80, www.kalkofen.com

Happy mit Lindy Hop

45

Swing tanzen im Sunny Side Swing

Für Zuschauer gleicht es oft zunächst einem Rätsel: Die ersten Takte im jazzigen Bigband-Sound erklingen. Anfangs wird nur sachte mitgewippt oder mit den Fingern geschnippt. Wenn die Tanzpaare dann richtig loslegen, ist es, als ob ein Schalter umgelegt wird, der ein Lächeln im Gesicht anknipst. Wie kommt man an diesen Rundum-Glücklich-Effekt? Des Rätsels Lösung heißt: bouncen, wippen, lockermachen und die Musik fühlen. Nicht alles muss bei diesem Tanzstil perfekt sein. Denn jede Menge Improvisationen und kleine Pausenelemente wie ein Wiggle oder Freeze bieten die Möglichkeit, sich elegant aus der Affäre zu ziehen. Swing wird nicht umsonst auch der „Happy Dance" genannt. Lindy Hop ist eine afroamerikanische Kunstform, die sich in den Ballsälen zu der Swingmusik der 1930er-Jahre im Zuge der Harlem Renaissance in New York entwickelte. Während der Big-Band-Ära herrschte Rassentrennung und es war etwas Besonderes, dass man im Savoy Ballroom unabhängig von Hautfarbe und Herkunft willkommen war.

Irgendwie spürt man diesen Diversity-Spirit in den Tanzkursen von Betina Fischer vom Sunny Side Swing. Hier treffen gut eingespielte Tanzpaare älteren Semesters, die es ruhiger angehen lassen, auf experimentierfreudige Jüngere mit Spaß an Akrobatikelementen. Man braucht keinen festen Tanzpartner, auch alleine starten ist problemlos möglich. Wer reinschnuppern will, kann immer freitags zum Social Dance auf dem Platanenhain auf der Mathildenhöhe vorbeischauen. Zu Beginn gibt's für alle einen sogenannten Taster als Mini-Tanzkurs, dann fallen die ersten Schritte und Moves schon gar nicht mehr so schwer. Ist man so auf den Geschmack gekommen, stehen im Tanzstudio von Betina Workshops und Kurse für alle Levels von Einsteiger bis Fortgeschrittene zur Wahl. Sogar fit werden kann man mit Swing bei den eher sportlich angehauchten Cardio-Charleston- oder Swing-Fit-Solokursen. Also auf geht's, erst einmal loslegen, weniger nachdenken, dann findet man den Schalter zum groovigen, schwingenden Glücksgefühl.

TIPP

Im Sommer bei der Swing & Ride-Fahrradtour mitfahren (Termin und Organisation über die Centralstation).

- Sunny Side Swing, Rheinstraße 22, 64283 Darmstadt, Tel. (01 79) 7 42 51 47 www.sunnysideswing.de
- ÖPNV: Bus H, K, diverse Straßenbahnen, Haltestelle Luisenplatz

Glücksorte
auf der
ganzen Welt
Fahr hin &
werd glücklich
I ♥ NY
DROSTE

In Amsterdam Klassikstars zum Nulltarif lauschen.
In Dublin zum Iren auf Probe werden.
In der Bretagne die kleinste Schafsrasse der Welt beobachten.
In Island zwischen den Kontinenten tauchen.
IN
UN
Glücksorte in Amsterdam
Glücksorte in der Bretagne
Glücksorte in Dublin
Glücksorte in Island

Kunst mit Künstler

46 Im Skulpturengarten auf der Ludwigshöhe

Mal eben zu Fuß oder mit dem Rad auf die Ludwigshöhe und sich unter dem grünen Blätterdach über die beste Aussicht über Darmstadt freuen. Das alleine ist schon großartig und Generationen von Bessungerinnen und Bessungern lieben die kleine Auszeit auf ihrem Hausberg. Dazu noch ein kühles Bier und eine Bratwurst vom Ausflugshüttchen – der Ludwigsklause – und das Leben könnte kaum schöner sein. Fast wie ein kleiner Kurzurlaub mitten in der Stadt. Besonders am 1. Mai oder bei der Waldweihnacht ist hier richtig was los. Doch auch wenn der Panoramablick in den Taunus noch so lockt, nicht daran hängen bleiben, sonst verpasst man ein Kleinod.

Ein Wegweiser des Geonaturparks zeigt die Richtung zur schmiedeeisernen Gartenpforte mit der kleinen Glocke. Der Skulpturengarten birgt ein Refugium der besonderen Art, das das Künstlerpaar Joachim und Elisabeth Kuhlmann gerne mit Gästen immer sonntags zur Nachmittagsführung teilt. Man kann die Kunstwerke direkt am Ort des Entstehens bei einem Spaziergang entdecken und sich persönlich mit dem Künstler austauschen. Ein eindrückliches Erlebnis wartet in dem 4000 Quadratmeter großen Waldgarten. So wie sich die Pflanzenwelt ästhetisch in Form geschnitten organisch in den Wald schmiegt, sind auch die Naturplastiken, Skulpturen, Objekte, Installationen und Fundstücke auf einem Rundgang im Künstlergarten geordnet und auch wieder nicht. Mit Leidenschaft erzählt dabei der aus der ehemaligen DDR geflüchtete Künstler selbst aus seinem Leben und was ihn bei seiner Arbeit mit den Materialien wie Marmor, Bronze, Kalk- und Sandstein bewegt und fordert. Sogar in sein Atelier – den Ort des Schaffens – lässt Kuhlmann die Besucher hineinschnuppern. So wird die Kunst anfassbar und erlebbar. Ob zur Entstehung des Kalksteinbrunnens „Najade mit Widder“ oder der imposanten Bronze-Kreuz-Figur „Crucifixus“ – zu jedem Werk bekommt man hautnah eine Beziehung. So ganz nebenbei können Gartenfreunde das toskanische Flair des Künstlergartens auskosten und jede Menge Inspiration tanken.

- Skulpturengarten, Auf der Ludwigshöhe 202, 64285 Darmstadt, Tel. (0 61 51) 2 76 90 54, www.skulpturengarten-darmstadt.de
- ÖPNV: Straßenbahn 1, 7, 8, Haltestelle Marienhöhe (rund 25 Minuten Fußweg)

Nachhaltige Leckerbissen

47 Alnatura Campus mit tibits Restaurant

Ein Ausflugsziel, wo andere arbeiten? Warum nicht, wenn es so einen anregenden Ort gibt, mit kulinarischen Überraschungen obendrein. Das ästhetische Lehm-Gebäude des Bio-Einzelhändlers an sich ist schon ein Hingucker, aber auch das riesige begrünte Außengelände eignet sich wunderbar für einen spannenden Pausen-Streifzug. Die Tore stehen für Interessierte von Sonnenauf- bis untergang offen. Besuchen ausdrücklich erwünscht. Am Naturteich mit Entenfamilie startet der Entdeckungspfad über den Campus. Auf bunten, drehbaren Würfeln kann man die Nachhaltigkeitsziele der Vereinten Nationen lesen. Dazu gibt es als „Tu Du's" jede Menge Ideen, was jeder selbst beisteuern könnte. Wie wäre es zum Beispiel mit insektenfreundlichen Pflanzen auf dem eigenen Balkon oder im Garten? Beim Rundgang durch den duftenden Kräutergarten, vorbei an Bienenstöcken, Mini-Weinberg, Streuobstwiese und Barfußpfad nimmt man Anregungen quasi im Vorbeischlendern mit.

Wer so Lust auf Selbergärtnern bekommt, bewirbt sich für eine der 100 Gartenparzellen auf dem Campus-Gelände. Es reicht aber auch, einfach die Ruhe zu genießen, unterm Weidenpavillon, auf der Ruhebank oder in der Sitzecke im Tiny-Forest die Seele baumeln zu lassen. Man sollte sich nur zwischen einem der Lieblingsplätze entscheiden. Entscheidungsfindung als Luxusproblem kommt auch beim Besuch des Restaurant tibits auf experimentierfreudige Gäste zu. Draußen sitzen unter gestreiften Sonnenschirmen mit Teichblick oder drinnen auf gemütlichen Korbsesseln vor stylischer Blümchentapete ist noch die einfachste Wahl. Täglich wechseln sich 40 leckere Kleinigkeiten quer über den Küchen-Globus auf dem vegetarischen Schlemmerbuffet ab. Probieren sollte man die Spezialität „Dörrbohnen-Salat mit Baumnüssen". Die bringt das aus der Schweiz stammende Unternehmen als kulinarische Besonderheit mit. Hört sich asketisch an, ist aber ein oberleckeres Geschmackserlebnis. Spätestens beim warmen Schoggi-Kuchen mit Salz wird jeder glücklich und zum Nachhaltigkeitsfan.

● Alnatura Campus / Restaurant tibits, Mahatma-Gandhi-Straße 7, 64295 Darmstadt, Tel. (0 61 51) 3 56 79 00, www.tibits.de
● ÖPNV: Bus 40, Haltestelle Forstweg

Weckt den Forschergeist

48

Im Welterbe Grube Messel

Nur einen Katzensprung, gerade einmal sieben Kilometer von den Toren Darmstadts entfernt im grünen Wald, öffnet sich ein weltweit einzigartiges Zeitfenster der Erdgeschichte und wartet auf seine Entdeckerinnen und Entdecker. Einmal Forschern bei Ausgrabungen über die Schulter schauen und vielleicht sogar ein Original-Fossil in der Hand halten? Das geht bei einer der geführten Touren. Mit dem Welterbe-Express – einem schnurrenden Elektromobil –fährt man ganz bequem abwärts zum tiefsten Punkt des ehemaligen Vulkansees. Fast fühlt es sich an wie bei Jurassic Park im Dschungel, nur ohne Dinosaurier und Lianen. Dafür wachsen duftende Wildkräuter wie Baldrian, Thymian und Salbei. Auf den üppig blühenden lilafarbenen Fingerhüten und blauen Natterköpfen fühlen sich Schmetterlinge und Libellen pudelwohl.

TIPP

Auch im Messler Fossilien- und Heimatmuseum im hübschen Fachwerkhaus vorbeischauen.

Die Aussicht über die grüne Oase genießt man am besten von der Plattform am Eingang. Dschungelähnlich muss es aber vor 48 Millionen Jahren in der Gegend um Messel ausgesehen haben, als sich Echsen, Krokodile, Schildkröten, Riesenschlangen und Laufvögel des Eozäns hier tummelten. Dass ihre Fossilien so gut erhalten sind, verdanken sie dem Messler Ölschiefer, der noch bis in die 1960er-Jahre im Bergbau gefördert wurde. Auch bei einer begleiteten Grubenwanderung können Besucher die öligen Schichten des Gesteins erfühlen und erfahren. Die Gästeführer sind oft studierte Geowissenschaftler und geben ihr Wissen mit großer Begeisterung an die Besucher weiter.

Als besonders erfrischendes Highlight überrascht der Artesische Brunnen, in dem als Nebenprodukt der Entwässerungsanlage eisenhaltiges Wasser nach oben sprudelt. Hier ist Probieren und Schmecken erlaubt. Auch in das architektonisch wie eine Ölschiefer-Platte geschichtete Besucherzentrum sollte man unbedingt reinschauen. In der Schatzkammer werden Geheimnisse rund um die Fossilienfunde gelüftet. Was fraß wohl Besucherliebling „Eurohippus *messelensis*“, das kleine Urpferdchen? Weintrauben – ein echter Feinschmecker.

- Welterbe Grube Messel, Roßdörfer Straße 108, 64409 Messel, Tel. (06159) 71 75 90 www.grube-messel.de
- ÖPNV: Bus F, U, Haltestelle Grube Messel – Besucherzentrum Grube Messel; Regionalbahn bis Bahnhof Messel (rund 25 Minuten Fußweg)

ZEIT UND
MESSEL WELTEN

Kaffee ist Kulturgut

49 Im Kaffeehaus Eberstadt

Einen aromatischen Kaffee genießen, dazu die Tageszeitung lesen, zum Fenster rausschauen und den Tag ganz gemütlich angehen lassen. Das ist Kaffeehausgefühl und der Name ist hier Programm. Im denkmalgeschützten Gründerzeitbau auf der Heidelberger Landstraße scheinen die Uhren ein wenig langsamer zu ticken. Stress kann getrost draußen vor der Tür bleiben. Ob an den kleinen Bistrotischen vor der Tür, unter dem opulenten Kristallleuchter oder im lauschigen Hinterhofgarten – hier findet jeder sein Lieblingsplätzchen für ein anregendes Gespräch. Die gute Tasse Kaffee dazu kommt nicht einfach von irgendwo daher. Die aniko Coffee Roasters kreieren extra fürs Kaffeehaus eine feine Mischung, die köstlich nach Walnuss, Kakao und Karamell duftet. Die braunen Bohnen werden gleich um die Ecke im Mühltal in einem ehemaligen Fabrikgelände handwerklich geröstet. Der persönliche Kontakt zu den Farmern wird gepflegt und ihre Bohnen werden fair gehandelt.
Handgemacht ist auch die riesige Auswahl an Tortenkreationen, die in zwei Vitrinen eine magische Anziehungskraft entwickeln. Inspiration findet Tortenbäckerin Alisha Gardner, die das Café täglich frisch beliefert, querbeet im Süßigkeitenregal von Waffel, Keks bis Schokoriegel. Wer kann bei einer Milchschnitte-Blaubeer-Brownie-Torte schon widerstehen? Die Leckereien gibt's übrigens auch in vegan und glutenfrei.
Wer es schafft, den Blick vom Kuchenteller zu lösen und nach oben zur Decke schaut, entdeckt ein prächtiges Ölgemälde mit allerlei Südfrüchten, mediterranen Landschaften und rätselhaften Haken. „Das war hier ein Handelskontor und daran hingen mal der Kaffee und andere Waren in Säcken", erzählt Inhaber Jakob Hille lachend. Dem Kaffeehaus-Charme erlegen, verbummelt sich genussvoll die Zeit. Gegen Nachmittag zur Cocktail-Stunde zaubert der Bar-Chef erfrischende Longdrink-Klassiker. Der Flammkuchen-Ofen wird abends angefeuert und so findet sich zu jeder Tageszeit ein Grund zum Bleiben. Macht nichts, ist ja so entspannt hier.

TIPP

Das aniko-Team in seinem Bessunger Laden besuchen oder einen Kurs in der Kaffee-Schule buchen.

- Kaffeehaus, Heidelberger Landstraße 269, 64297 Darmstadt, Tel. (0 61 51) 8 05 43 37, www.kaffeehaus-eberstadt.de
- ÖPNV: Straßenbahn 1, 6, 7, 8, Haltestelle Modaubrücke

KAFFEEHAUS

Nostalgie im Bonbonglas

50

Kiosk 1975 in der Postsiedlung

Ein bisschen erinnert die Postsiedlung an ein gallisches Dorf inmitten der Stadt. Den Kernbereich formt ein Dreieck begrenzt durch die Bessunger-, Moltke- und Wormser Straße. Dass die Häuser aus den 1950er-Jahren noch stehen, verdanken sie einer Bürgerinitiative, aus der der Verein „Zusammen in der Postsiedlung e.V." entstand. 2009 wehrte man sich erfolgreich gegen den geplanten Abriss und das schmiedete die Nachbarschaft so zusammen, dass aus der Gemeinschaft noch heute viele schöne Ideen und Projekte entstehen. Ein Rundgang durch das erstaunlich ruhige Viertel lohnt sich. Auf dem Platz vor dem gemütlichen Quartierladen in der Binger Straße 8b plätschert ein kleiner Brunnen. Unter dem Baum stehen Holzhütte und hübsche Paletten-Möbel, die für den Kaffeetreff immer freitags zum Wochenausklang genutzt werden. Dahinter liegt ein 2000 Quadratmeter großes grünes Biotop, durch das man auf einem kleinen Kiesweg schlendern kann. Sitzhocker aus Baumstämmen laden zum Verweilen ein, um einen Blick auf die blühende und summende Vielfalt zu werfen, die sich hinter dem Staketenzaun tummelt. 1500 verschiedene Insekten, darunter Wildbienen, aber auch Fledermäuse und Igel sind hier zu Hause. Biologen und Naturfotografen gehören zum aktiven Team. Sie pflegen und hegen die Fläche mit großem Engagement. Dafür gab es sogar schon den ersten Platz im bundesweiten Wettbewerb „Wir tun was für Bienen".

TIPP

Auch den Umsonst-Laden gleich hinter dem Kiosk im ehemaligen Café Treusch besuchen.

Neuester Coup der rührigen Nachbarschaftler rund um Sprecher Bastian Ripper ist das Kioskprojekt. Am Beginn der Moltkestraße wartete das kleine Juwel aus den 1950er-Jahren darauf, aus seinem Dornröschenschlaf erweckt zu werden. Der kultige Kiosk mit dem Kuppeldach ist noch original erhalten, vom Kühlschrank über Waschbecken bis zur letzten Schraube. Dank behutsamer Sanierung soll das auch so bleiben. Aus den bauchigen Bonbongläsern kann man Kirsch-Lollies und Schleckmuscheln erstehen. Kindheitserinnerungen werden wach und es entsteht schnell ein Gespräch über die alte Zeit. Wer solche Nachbarn hat, kann sich glücklich schätzen.

- Kiosk 1975, Moltkestraße 1, 64295 Darmstadt, Tel. (0 61 51) 8 05 59 21
www.postsiedlung.de
- ÖPNV: Straßenbahn 1, 6, 7, 8, Haltestelle Bessunger Straße
(rund 5 Minuten Fußweg)

des Stars: Es geht meiner Mandantin se
ameron: „Das Kind soll raus aus diesem
es Ehemannes: „Notfalls müssen die Gerich
Bericht Seiten 4—6
bei
Charles
Seite 16
Die große Sport-
Serie: Heute HSV-
Manager Krohn
Interview
mit ÖTV-Boß
Kluncker
Seite 19—23

In Erinnerungen schwelgen

51 Am Steinbrücker Teich

Wenn es früher hieß „wir fahren zum Oberwaldhaus", war die Freude riesengroß. Sofort wurde gefeilscht, ob es dieses Mal Ponyreiten, Tretbootfahren oder Minigolf sein durfte. Mit etwas Glück ließen sich die Eltern zu zwei Highlights überreden.
Auch heute noch sind das die gefragten Aktivitäten am Freizeitzentrum Steinbrücker Teich, was den meisten wohl als Oberwaldhaus bekannt ist – so auch der Name des gleichnamigen Ausflugslokals direkt am Eingang zum Freizeitgelände.
Nostalgie verbreitet die Minigolfanlage, die zugegebenermaßen etwas in die Jahre gekommen ist. Dem Erlebnis schadet es aber nicht. Da kommen schnell die Erinnerungen an die vergeblichen Versuche, den Ball mit einem Schlag ins Loch zu bugsieren, wieder hoch.
Neben einem großen Spielplatz mit Riesenschaukel und Wasserpumpe gibt es immer noch den Bootsverleih und das Ponyreiten. Ob eine Runde auf dem Teich oder mit den Ponys durch den Wald – langsam und gemütlich geht es im Kreis.
Eiswagen halten regelmäßig, sobald die ersten warmen Sonnenstrahlen erscheinen, große Liegebänke machen das Sonnenbad bequemer und etliche Sitzbänke bieten einen herrlichen Blick über den Teich. Besonders im Herbst scheint das bunte Laub der Bäume förmlich mit dem Wasser zu verschmelzen.
Direkt am Wald gelegen, bieten etliche Spazier- und Wanderwege Richtung Oberfeld, Kranichstein, Roßdorf oder Messel eine schöne Abwechslung. Direkt hinter dem Spielplatz verläuft der Mühlbach. Folgt man diesem, wie er sich durch den Forst schlängelt, landet man irgendwann am Bernhardsbrunnen mitten im Wald. Im Sommer lässt es sich hier gut aushalten und Rast machen, mit den Füßen im eiskalten Wasser unter den schattenspendenden Bäumen.
Wenn es früher maximal zwei der Aktivitäten sein durften, lässt man sich heute vielleicht sogar zu allen dreien hinreißen. Das verlängert den schönen Tag draußen in der Natur direkt vor den Toren Darmstadts und schafft weitere schöne Erinnerungen für die nächste Generation.

- Steinbrücker Teich (Oberwaldhaus), Dieburger Straße 257, 64287 Darmstadt
- ÖPNV: Bus F, FU, Haltestelle Oberwaldhaus

Einfach mal treiben lassen

52

Im Schlendergang durch die Schuknechtstraße

Darmstadt hat zwar keine mondäne Einkaufsstraße, dafür aber eine kleine, feine – nennen wir sie mal Schlenderstraße. Flaniert wird anderswo.

Wir starten am Grünen Salon. Nur warum eigentlich am und nicht im Grünen Salon? Weil schon der Vorplatz zum Stöbern einlädt. Und auch drinnen wandern die Blicke von geschmeidigen Tischstoffen über pastellfarbenes Porzellan hin zu lustigen Spiele-Gadgets aus früheren Zeiten. Direkt von nebenan weht süßlicher Mohn-Apfel-Kirsch-Schoko-Nuss-Streusel-Duft herüber. Ein Stück Kuchen aus dem Schloßgartencafé oder Schwarzweiß, wie es die Darmstädter nennen – ist an Größe und Köstlichkeit kaum zu überbieten.

Den besten Blick über das gemächliche Treiben entlang der Schuknechtstraße bieten die Stühle und Bänke vor und neben dem gleichnamigen Schuknecht. Hier zelebriert man das süße Nichtstun bei einem Espresso.

TIPP

Lichterzauber im November: abends bei Kerzenschein durch die Geschäfte stöbern.

Weiter geht es vorbei an der schicken Blumenmeisterei: Glückselig badet die Kundschaft im Duft der Blumen, den man nebenan gegen etwas Deftiges aus dem Fromage Fromage tauschen kann. Über 80 Käsesorten stehen in dem Feinkostladen zur Auswahl.

Zwischen Käse- und Blumenladen gibt es Mode. Schon über 20 Jahre berät Liss Schäfer in ihrem kleinen Modeladen Pompadour Frauen bei der Auswahl der richtigen Garderobe aus einem Mix aus secondhand und Neuware.

Auch Heike Köhrichs Bioladen Arche ist schon seit über zehn Jahren die Anlaufstelle für ökologisch bewusste Darmstädter. In ihrem kleinen Tante-Emma-Laden sind vor allem regionale, faire und biologische Produkte zu finden.

Mit vollem Magen und vollen Taschen bieten die Picknicktische und Bänke auf dem großen Spielplatz am Friedrich-Ebert-Platz eine schöne Gelegenheit zum Innehalten. An dessen Ecke befindet sich der ziemlich einmalige Boule- bzw. Pétanque-Laden, dessen Kugeln auf vielen Plätzen quer durch Darmstadt geworfen werden.

- Schuknechtstraße, 64289 Darmstadt
- ÖPNV: Bus L, Haltestelle Friedrich-Ebert-Platz; Straßenbahn 4, 5, 7, Haltestelle Pallaswiesenstraße

Grüner Salon
Alles Schöne zum Leben

Tanzen, Tischkicker, Tatort

53 Abfeiern in der Goldenen Krone

Wer noch nie die abgelaufene Treppe runtergetorkelt ist, einen Mexikaner gekippt oder zumindest an einem genippt hat oder einen Schweiß- bzw. Kondenstropfen auf der vollen Tanzfläche abgekriegt hat, der hat definitiv etwas verpasst. Die Krone ist das Ziel für eine richtig gute Party, einen netten Kneipenabend, ungewöhnliche Konzerte oder einfach nur, um eine Runde Tischkicker zu spielen oder Tatort zu gucken. Aber vor allem ist sie eine echte Institution in Darmstadt – und das schon seit 1975. Geöffnet an sieben Tagen die Woche.

Aktuell wird die Kult-Location in zweiter Generation von den Geschwistern einer der Gründer geführt. Katharina Jähnig und Julius Gleichauf sind mit der Krone aufgewachsen und man spürt sofort, dass da Herzblut an den Wänden klebt. Während Katharina eher für das Booking der Bands und DJs zuständig ist, sorgt Julius dafür, dass das goldene Krönchen auch noch zukünftig glänzt und seinen morbiden Charme behält. In dem über 350 Jahre alten Gebäude – dem ältesten in der Darmstädter Altstadt, das als einziges die Brandnacht 1944 unbeschadet überstanden hat – gibt es immer etwas zu reparieren, restaurieren, renovieren. Aber bloß nicht zu viel! Der besondere Charakter soll unbedingt so bleiben, wie er schon immer war: alternativ, etwas abgeranzt und bodenständig. Es gibt zwar Türsteher, doch die sortieren hier nicht nach Nase, Shirt-Marke oder Armbanduhr. Hier kommt eigentlich jeder rein, der nicht schon mal aufgefallen ist und mindestens 18 Jahre alt ist. Und das macht die Krone auch aus: Das Programm ist so vielfältig wie die Stamm-, Gelegenheits- oder Zufalls-Krone-Gänger. Da spielt der Drehorgler, das Old Stars Orchestra mit einem gesammelten Alter von über 1000 Jahren (!!!) oder die Nachwuchsband aus der Region vor Studenten, Best Agern oder Rentnern.

Einmal drin, ist es ein Irrgarten aus einer unüberschaubaren Zahl an Nebenräumen, Nischen, Ecken, Hinterräumen, Seitenflügeln, Gästezimmern und Kellergewölben. Wer nach dem Billardraum fragt, kriegt diese Antwort: owe hinne rechts. Viel Spaß bei der Suche und Prost!

TIPP

Biertasting für Fortgeschrittene: Türkenlouis & Wiener Krönenbräu.

- Goldene Krone, Schustergasse 18, 64283 Darmstadt, Tel. (0 61 51) 2 13 52 www.goldene-krone.de
- ÖPNV: Straßenbahn 2, 3, 9, Bus H, K, L, Haltestelle Schloss; Straßenbahn 2, 3, 9, Bus K, Haltestelle Schulstraße

KRONE
:D

Auf einen Drink …

54 … in die Whisky- und Ginbar im Adega Alentejana

Botanicals, Fusion, Kupferkessel, Holz befeuert, ziehen lassen, Zeit nehmen …, hört man die Gesprächsfetzen, mit denen Blaise Kapet seinen Gästen die Herstellung von Gin beschreibt, spürt man sofort seine Leidenschaft – als gehe es um eine vergessene Wissenschaft, die es wiederzuentdecken gilt.

„Spirituosen sind total spannend, da lässt sich viel mit machen und ausprobieren“ fasst er zusammen. Sich selbst bezeichnet er nicht als besonders trinkfest – „obwohl ich alle Sorten hier kenne und das auch von meinen Angestellten erwarte“, ergänzt er. Und das ist eine Menge! Blaise Kapet und sein Team bieten in der zum portugiesischen Restaurant gehörenden Gin- und Whiskybar eine riesige Auswahl an. Das Sortiment umfasst etwa 600 Flaschen Gin, darunter auch sieben selbst destillierte, 550 Flaschen Whisky und 400 Flaschen Rum. Ein echter Glücksort für alle probierfreudigen Spirituosen-Fans.

TIPP

Mehrmals im Jahr gibt es Gin-Tastings in der historischen Straßenbahn Datterich-Express.

Angefangen hat eigentlich alles im Jahr 2000 mit seiner Frau Maria, die in ihrem Restaurant Adega Alentejana typische portugiesische Spezialitäten anbietet, darunter eine sagenhafte Aioli. Aus dem Nebenraum wurde dann Darmstadts erste Whiskybar, die später auch zur Ginbar wurde.

Während Whisky eher eine lang gehegte, stabile aber kleinere Fangemeinde hat, ist Gin ein absolutes Trendgetränk. Die Beliebtheit lässt sich wohl auch mit den unzähligen Geschmacksnoten erklären, die sich zusetzen lassen. Den sogenannten Botanicals sind keine Grenzen gesetzt: von Ameisen über getrocknete Tomaten bis hin zu Sanddorn oder Salz – alles Geschmackssache! Am besten findet man seinen ganz persönlichen Favoriten bei einem Tasting heraus. Hier legt Blaise Kapet vor allem Wert auf persönliche Beratung ohne vorgegebenes Drink-Menü. „Ich will, dass sich die Leute hier wohlfühlen. Jeder soll das trinken, was ihm schmeckt.“ Und das tun die Gäste – im Sommer im Lounge-Bereich der riesigen Terrasse bei Tapas und vielleicht dem Gin ihres Lebens.

● Adega Alentejana, Heinheimer Straße 38, 64289 Darmstadt, Tel. (0 61 51) 97 17 96
www.ginbar-darmstadt.de, www.whiskybar-darmstadt.de
● ÖPNV: Bus H, Haltestelle Kopernikusplatz; Bus F, FU, H, KU, Haltestelle Alexanderstraße/TU

Drink Academy

Ein Dorf in der Stadt

55 Auf dem Johannesplatz

Es herrscht ein wuseliges Treiben auf dem Johannesplatz, vor allem donnerstagsnachmittags, denn da ist Bauernmarkt. Die Kleinsten buddeln im Sandkasten, die größeren Kinder radeln ums Dreieck und die Eltern behalten ihren Nachwuchs von den Sonnenbänken aus im Auge, während die Marktbesucher geduldig in der Schlange warten – fast wie auf dem Dorfplatz eines kleinen Ortes. Hier ein Plausch, da ein Schwatz, in der einen Hand ein Eis von der Eisprinzessin, in der anderen ein Kaffee von Fräulein Zuckertopf. So lässt man sich gen Ende der Woche auf dem beschaulichen Johannesplatz umhertreiben. Das gleichnamige Quartier rund um die Johanneskirche ist wie eine kleine Ortsgemeinschaft, dessen Mittelpunkt für viele zum zweiten Wohnzimmer, Balkonersatz oder zur Gartenalternative geworden ist.

TIPP

Das nette, kleine Lokal Timm's Café liegt gleich um die Ecke in der Landwehrstraße.

In den 1980er-Jahren war das Johannesviertel eher als Kneipenviertel bekannt – dort hat sich sogar einmal Darmstadts Nachtleben abgespielt. Danach wurde es ruhiger im Viertel, aber seit ein paar Jahren ist wieder richtig Leben eingekehrt. Und das hat ganz viel mit der Initiative Johannesplatz zu tun. Eine kleine Gruppe von engagierten Johannesviertlern hat es geschafft, den Platz nicht nur optisch zu verschönern, sondern ihn auch wieder zum Treffpunkt, zur Bühne und zum Marktplatz für alle Bewohner zu machen. Vom Pflaster bis zum Spielplatz – nichts ist mehr, wie es vorher war und aus dem schmuddeligen Kirchenvorplatz wurde eine einladende Piazza.

Auf Darmstadts schönstem Dreieck werden sommerliche Kinoabende veranstaltet, ein Kreativmarkt mit Handgemachtem lädt zum Stöbern ein und der kleine Weihnachtsmarkt ist einfach nur gemütlich. Einmal im Jahr flammt dann auch das Nachtleben wieder auf. Die After-Flohannes-Party beendet den jährlichen Hinterhofflohmarkt gebührend und in schöner Gemeinschaft mitten im Herzen des Viertels.

Kulinarisch lohnt es sich, einen Blick über den grünstreifigen Rand des Platzes zu werfen: Fish'n Chips oder ein indisches Curry im Pub Riwwelmaddes muss man mal gegessen haben.

- Johannesplatz, 64293 Darmstadt, www.johannesplatz-darmstadt.de
- ÖPNV: Diverse Busse und Straßenbahnen, Haltestelle Willy-Brandt-Platz (rund 10 Minuten Fußweg)

Musik aus allen Ecken

56 Schlossgrabenfest

Es waren einmal zwei Freunde aus Darmstadt … Die Geschichte vom Schlossgrabenfest könnte wie ein Märchen beginnen, denn märchenhaft ist die Entwicklung allemal: Es begann mit der Idee, lokalen, unbekannten Bands eine größere Bühne zu bieten und führte zu einem der größten Innenstadt-Musikfestivals Deutschlands.
Aber zurück zur Geschichte: Eigentlich hat alles mit dem Veranstaltungskalender einer Schülerzeitung angefangen. Der Schülerzeitungsredakteur Thiemo Gutfried und der Konzertveranstalter Frank Grossmann knüpften da erste Kontakte und arbeiteten zusammen an der Promotion von regionalen Bands, die im Eledil, Kesselhaus oder in der Krone auftraten – viel mehr gab's damals nicht. Irgendwie schade fanden das die beiden, also musste ein größeres Publikum her. Was wäre, wenn die Leute nicht zu den Bands gehen, sondern die Bands zu den Leuten? Quasi aus dem Keller raus an die frische Luft! Von der Idee bis zum 1. Schlossgrabenfest im Zeitraffer: Bürgermeister überzeugen, Berge von Papierkram erledigen, Zweifler ausblenden, Bands finden, alle überreden, kostenlos mitzumachen ... und taddaaa: Zur Premiere 1999 spielten 50 Bands auf zwei Bühnen vor 50.000 Besuchern – ein voller Erfolg. 20 Jahre später waren es dann 111 Bands und über 400.00 Besucher. Neben anfangs nur regionalen Bands kamen im Laufe der Jahre bekanntere Namen wie Mark Forster, Nena und Andreas Bourani dazu.
Den ursprünglichen Charakter hat sich das Festival zum Glück bewahrt: Musik für alle, für kleines Geld im Herzen von Darmstadt. Ob Schlager, Rock, Pop, Punk oder die Schülerband – von den mittlerweile vier Bühnen klingt, dröhnt, rumst, basst, tönt, schallt, lärmt und schmettert es vier Tage lang Melodien für Darmstadt. Jedes Jahr Ende Mai/Anfang Juni kommen in der Darmstädter City alle zusammen, die gerne Musik hören oder machen. Meist summt die ein oder andere musikalische Perle als Ohrwurm noch zu Hause. Auf jeden Fall landet der kultige Sammel-Bier-und-Äppler-Becher, der auch als Eintrittsticket gilt, als Erinnerung im Küchenschrank.

● Schlossgrabenfest: Stadtmitte, rund um das Schloss, auf dem Friedens- und Karolinenplatz, 64283 Darmstadt, www.schlossgrabenfest.de
● ÖPNV: Sonderfahrpläne zum Fest-Wochenende

WC
WC
SGF 2019
loop5
VIP-LOUNGE
MIT EINAN DER

Vielfalt im Buchenwald

57

Mitmach-Museum Bioversum

Im Wald raschelt das Laub, ein Igel schläft in seiner Höhle, ein Waldkauz ruft … Fast wie im Freien können die Besucher die Natur im Mitmach-Museum Bioversum erleben. Das sogenannte Diorama, ein rundum gläserner Schaukasten, beherbergt einen Buchenwald, wie er auch draußen existiert. Drinnen lassen sich sein Zustand und die unterschiedlichen Lebensräume – von der Bakterie über Pilze und Moose bis zum Eichhörnchen – interaktiv und parallel zu allen Jahreszeiten beobachten. Ganz nach dem Motto „anfassen und mitmachen" wird die Reise durch den Buchenwald in der Ausstellung „Biologische Vielfalt" an vielen spannenden Stationen kindgerecht erklärt und erlebbar gemacht.

Weizen aus dem Orient, Gurken aus Indien, Süßkirschen aus der Türkei – am Marktstand ist der ein oder andere Museumsgast überrascht, woher Pflanzen, Samen und Früchte eigentlich stammen, die tagtäglich von uns verspeist werden. In der Ausstellung „Biologische Invasion" lernen die kleinen und großen Forscher, wie Tiere und Pflanzen reisen und sich somit ausbreiten, welche Rolle der Mensch dabei spielt und welche Auswirkungen es haben kann, wenn Tiere und Pflanzen sich neue Lebensräume suchen. Einige Stationen warten mit kniffligen Fragen: Wie sieht nochmal Roggen aus? Selbst für Naturkenner ist die Getreidebestimmung eine Herausforderung. Langweilig wird es da auch den Erwachsenen nicht.

TIPP

Jagdhistorische Pirsch im Kranichsteiner Wald: eine Fahrradtour für Familien mit neun Stationen.

Selbst auf Erkundungstour gehen heißt es dann im Freilandlabor, wo experimentiert, gewerkelt und gebaut werden darf. Hier lernt man auch, dass sich die Tiere in der Waldapotheke selbst bedienen – zum Beispiel Wildschweine an der Zitronenmelisse, die hilft nämlich gegen Würmer.

Neben Geocaches oder Bestimmungsfächern zu einheimischen Bäumen bietet das Bioversum auch Entdecker- und Erlebnistouren in der unmittelbaren Umgebung an, die das Interesse an und das Verständnis für die Natur kinderleicht herstellen.

● Bioversum Jagdschloss Kranichstein, Kranichsteiner Straße 253, 64289 Darmstadt, Tel. (0 61 51) 97 11 18 88, www.jagdschloss-kranichstein.de
● ÖPNV: Bus H, Haltestelle Kesselhutweg (rund 10 Minuten Fußweg); Bus F, Haltestelle Oberwaldhaus (rund 15 Minuten Fußweg); Straßenbahn 4, 5, Haltestelle Siemensstraße (rund 15 Minuten Fußweg)

Königlich übernachten

58

Hotel Jagdschloss Kranichstein

Eine Nacht im Schlosshotel und sich einmal wie eine Prinzessin fühlen. Kein Problem – im Jagdschloss Kranichstein wandeln die Gäste sogar auf den Spuren einer echten Prinzessin.

Alice, die Tochter der britischen Königin Victoria, lebte im 19. Jahrhundert mit ihrem Mann, dem Großherzog Ludwig IV. von Hessen, im Kranichsteiner Schloss. Und sogar die Königliche Hoheit selbst war dort schon zu Gast. Die ehemaligen Gemächer des adeligen Paares liegen direkt hinter dem Hoteltrakt und sind heute ein Museum.

Bereits der Name lässt die Geschichte des Hauses erahnen, das Hirschgeweih in der Eingangshalle, die für die Jagd typischen Farben Grün und Braun und die Göttin der Jagd, deren Blick die Gäste im Frühstücksraum von der Tapete begleitet, bestätigen die Vermutung: Die Jagd ist fest mit der Geschichte des Schlosses verbunden. Denn bereits im 16. Jahrhundert ließ Landgraf Georg I. das ehemalige Hofgut zum Jagdschloss ausbauen, das dann auch gut 200 Jahre lang als Jagdresidenz genutzt wurde.

TIPP

Jedes Jahr im Spätsommer findet das Golden Leaves Festival im Schlosspark statt.

Es gibt sogar noch eine alte Schießscharte in einem der Hotelzimmer, die einzige im ganzen Gebäude. Sie gibt den Blick auf den angrenzenden Wald frei. Da sollte wohl den Jägern auch von zu Hause aus nichts durch die Lappen gehen. Dass dies nicht passierte, dafür sorgten früher bei der Treibjagd Lappen, durch die die Tiere eigentlich nicht entwischen sollten. Eine moderne Variante dieser Lappen hängt vor jedem Zimmer mit der jeweiligen Zimmernummer. Die kann den Gästen dann nicht so schnell durch die Lappen gehen.

Bekannt und beliebt ist vor allem das Restaurant für die Wildgerichte von Küchenchef Christian Buer, der das Wild nicht nur zubereitet, sondern auch teilweise selbst erlegt. Auch das Sonntagslunchbuffet ist ein echter Klassiker.

Das Jagdschloss Kranichstein lockt als kleine Oase am Rande von Darmstadt. Ein Spaziergang um den Teich im Schlosspark oder durch den angrenzenden Wald ersetzt heute die Pirsch.

● Hotel Jagdschloss Kranichstein, Kranichsteiner Straße 261, 64289 Darmstadt, Tel. (0 61 51) 13 06 70, www.hotel-jagdschloss-kranichstein.de
● ÖPNV: Bus H, Haltestelle Kesselhutweg; Bus F, Haltestelle Oberwaldhaus; Straßenbahn 4, 5, Haltestelle Siemensstraße (jeweils rund 15 Minuten Fußweg)

Einmal ums Karree

59 Auf dem Oberfeld

Spaziert man von der Rosenhöhe kommend einfach weiter Richtung Stadtrand, landet man automatisch auf dem Oberfeld. Direkt hinter dem Spanischen Turm liegt es einem zu Füßen: wie ein großer grüner Teppich, umrahmt von Spazierwegen. Die weite offene Fläche im Osten Darmstadts verwandelt sich je nach Jahreszeit und Abschnitt in eine Kleingartenkolonie, eine Kunstgalerie oder in bewirtschaftete Ackerfläche.
Einmal ums Karree joggen, spazieren, radeln – was für andere Großstädter die Flanierwege entlang der Flüsse sind, ist für die Darmstädter das Oberfeld. Da braucht es gar keinen Fluss, um sich den Weg zwischen Joggern, Familien, Rentnern und Hunden zu bahnen und manchmal sogar zu erkämpfen. An schönen Tagen ist es voll – das macht aber nichts. Es ist einfach herrlich und zum Sonnetanken einer der schönsten Orte um Darmstadt, jede Menge Frischluft inklusive. Und wer es ruhiger mag, vermeidet einfach die Spazier-Happy-Hour an den Wochenenden.
Entspannter wird es dann Richtung Scheftsheimer Wiesen, wo der Wald Richtung Osten ans Oberfeld grenzt. Dort, wo früher Darmstadts Kühe auf die Weide getrieben wurden und Schießveranstaltungen der Landgrafen stattfanden, ist heute ein Naturschutzgebiet. Ein wenig überraschend kommt die plötzliche Lücke mitten im Wald schon. Am Rande vom Mühlbach wachsen auf der großen Wildwiese Kräuter, Blumen und Gräser. Die Ruhe und Weite machen das Naturschutzgebiet vor den Toren Darmstadts zu einem magischen Ort. Nicht nur der Geist entspannt sich beim Blick in die Ferne, die Augen tun es ihm gleich und suchen glücklich das Weite.
Läuft man weiter gen Süden, ist man wieder überrascht: Stonehenge in Hessen? Etwa 14 ca. hüfthohe Menhire oder auch Hinkelsteine bilden die Steinkreisanlage, die aus der Jungsteinzeit stammt. Die etwas deplatziert wirkenden Steine erinnern mit ein wenig Fantasie an ihre großen Artgenossen in England. Die Darmstädter sind einfach erfinderisch, wenn es um nicht vorhandene Flüsse oder Touristenattraktionen aus vorgeschichtlicher Zeit geht.

- Oberfeld, An der Erbacher Straße, 64287 Darmstadt
- ÖPNV: Bus RH, NH, MO1, Haltestelle Hofgut Oberfeld

Hessische Biergartentradition

60

Biergarten Darmstadt

Eine bunte Lichterkette hangelt sich von Laterne zu Laterne und verbreitet gemütliches Biergarten-Flair entlang der Dieburger Straße und des Spessartrings. Einige Meter erhöht sitzen viele Gäste gerne direkt am Zaun und beobachten den vorbeiziehenden Verkehr gänzlich unbeeindruckt. Glückselig sind alle, die ein Plätzchen ergattert haben, um den Feierabend an einem lauen Sommerabend im schattigen Darmstädter Biergarten zu verbringen.

Unter den riesigen Kastanien treffen sich Alt und Jung, sobald es die ersten Sonnenstrahlen im Frühling zulassen. Wie in einem großen Stuhlkreis ist der Halbkreis um den Spielplatz meist von Familien belegt – schließlich wollen Rutsche, Schaukel, Sandkasten, Wippe und Klettergerüst ausgiebig bespielt werden, was Eltern eine Verschnaufpause und ausreichend Biergarten-Atmosphäre verschafft.

Im Biergarten Darmstadt bekommt man, was man sich von einem typischen Biergartenbesuch verspricht: rustikale Holzstühle und Tische unter Kastanien, kalte Getränke, Bier vom Fass und eine deftige Speisekarte, die aber auch Luft für leichtere Gerichte lässt. Die Karte macht selbstbewusst klar, dass ein typischer Biergarten nicht bayerisch sein muss: vom Äppler übers Kochkäs'-Schnitzel bis zum Zwiwwel-Handkäs – regionale Gerichte und Getränke lassen das Hessen-Herz höher schlagen. Selbstverständlich alles hausgemacht.

Bereits seit 1974 im Familienbesitz, bewirten heute Eva und Jorgo Katsiris in dritter Generation die Darmstädter von Frühling bis Herbst auf dem knapp 2500 Quadratmeter großen Gelände im ehemaligen Brauereiviertel. Von den ursprünglich einmal neun Brauereien ist zwar keine mehr übrig, aber die Katakomben, in denen früher das Bier gelagert wurde, befinden sich direkt unter dem Biergarten.

„Bitte austrinken, wir schließen", so rief damals Eva Katsiris' Großmutter zum Kehraus – begleitet von ihrem Geige spielenden Mann. Und wer genau schaut, sieht sie vielleicht heute noch auf dem Dach der Grillstation sitzen und den Kehraus rufen.

- Biergarten Darmstadt, Dieburger Straße 97, 64287 Darmstadt, Tel. (0 61 51) 4 38 55, www.biergarten-darmstadt.com
- ÖPNV: Bus F, Haltestelle Spessartring; Bus H, Haltestelle Taunusplatz

Biergarten
DARMSTADT

Sonnenplatz für Lappinge

61 Im Prinz-Emil-Garten mit Schlösschen

Ob hier noch die Hasen hoppeln? Die Sonnenanbeter und Picknicker zieht es im Stadtteil Bessungen bei Sonnenschein auf jeden Fall in die grüne Oase zwischen Nieder- und Hermannstraße. Die Lappinge – vom französischen Wort „Lapin“ (Kaninchen) abgeleitet – nennt man die Bewohner von Darmstadts beliebtem Stadtteil, und zwar aufgrund der hohen Kaninchen-Population, die einst zu Versorgungszwecken für die Bevölkerung in den noch unbebauten Sanddünen und Wäldern angesiedelt wurden. Prima zum Herumhüpfen bietet sich der Spielplatz mit Piratenschiff und Riesenrutsche an. Wer eher ein lauschiges Plätzchen sucht, der kann auf einer der vielen Bänke im Park auf den Seerosenteich blicken oder sich am chinesischen Pavillon auf der Mini-Insel erfreuen. Besonderes Schmuckstück des Parks ist das Schlösschen oben auf dem Hügel. Auf der kleinen Anhöhe kann man vom Gartenpalais die fabelhafte Aussicht über den Park genießen. Der dort ansässige Nachbarschaftsverein des Quartiers veranstaltet im Schlosssaal spannende Lesungen, Vorträge, Theaterstücke und Konzerte.

Im angrenzenden Nachbarschaftsgarten gärteln die Bessunger in Parzellen oder Hochbeeten, nutzen das weitläufige Gelände des ehemaligen Minigolfplatzes zum Garten-Yoga oder als Ort der Begegnung mit experimentierfreudiger Food-Truck-Bewirtung. Herzlich willkommen sind hier ausdrücklich auch Nicht-Bessunger Besucher. Mit einem Gläschen von der Weinbar lässt es sich auf einem der Strand-Liegestühle zwischen den Beeten wunderbar plaudern und entspannen. Die Termine – im Sommer meist an einem Dienstagabend – findet man im Veranstaltungskalender des Nachbarschaftsheims.

Neugierige, die noch mehr Lust auf Bessungen haben, buchen am besten eine Stadtteilführung bei der original Lappingermaid Aurora de-Meehl. Wie die Kleinkünstlerin historische und aktuelle Anekdoten zu ihren Lieblingsplätzen erzählt, ist unbeschreiblich und auch für Alteingesessene ein Erlebnis. Authentischer, fröhlicher und charmanter kann man Darmstadt nicht erkunden.

● Prinz-Emil-Garten, Heidelberger Straße 56, 64285 Darmstadt,
Tel. (0 61 51) 13 61 30
www.nbh-darmstadt.de, Führungen unter www.aurorademeehl.de
● ÖPNV: Straßenbahn 1, 6, 7, 8, Haltestelle Prinz-Emil-Garten

Zur blauen Stunde

62

Stangenberg-Museum und Heiligenberg

Südlich von Darmstadt noch mit der Straßenbahn angebunden, lockt die Bergstraße mit ihren sanften Hügeln, viel Sonne und den ersten Weinhängen. Auf der Höhe liegt auch das feine Privatmuseum Stangenberg Merck in der wunderhübschen Metzendorf-Villa inmitten einer parkähnlichen Anlage mit Blick auf die Rheinebene. Vor allem die Werke der hier aufgewachsenen Malerin Heidy Stangenberg-Merck sind in großformatigen Bildern auf vier Etagen in wunderbar geschmackvoll gestalteten Räumen zu einem ganzheitlichen Augenschmaus arrangiert. Dominierend ist die Lieblingsfarbe Blau, die sich neben der Liebe zu den griechischen Inseln auf vielen Motiven wiederfindet. Das Haus strahlt Stille aus und so kann man sich einen der Hocker nehmen, vor eines der Bilder setzen und Kunst und Aussicht einfach mal auf sich wirken lassen. Mit ein bisschen Fantasie findet man sich vielleicht auf einer kleinen Gedankenreise auf einer Kykladeninsel unter dem blauen Himmel wieder.

Wer sich von dem Kunstgenuss losreißen kann, macht dann noch einen Spaziergang über die hübsche Bergkirche weiter zum Heiligenberg. Das weiße Schloss mit den blauen Fensterläden diente als Residenz und Sommerfrische der Familie Battenberg/Mountbatten. Das Anwesen wird von einer Stiftung liebevoll gepflegt und lässt sich auf dem Geschichtspfad auf eigene Faust auf 16 Stationen erkunden. Zu entdecken gibt es überall etwas, etwa den Laubengang oder das kleine Prinzessinnenhäuschen, in dem die Fürstenkinder auf Miniaturmöbeln spielten. Im schmuck renovierten Russenhaus erzählt eine Ausstellung die Familiengeschichte von Großherzogin Wilhelmine, Zar Alexander II. bis hin zum Hofgärtner Gernet. Nach so viel Kultur und Geschichte tut eine kleine Pause gut. So lässt man sich entspannt unter den schattigen Bäumen auf einem Bistrostuhl nieder. Am besten gönnt man sich zur Abendzeit eine der Leckereien aus Annettes Gastronomie, dem Lokal im Schloss. Mit dem blauen Licht zum Sonnenuntergang macht das extra glücklich.

TIPP

Beim Natale-Eiscafé in Jugenheim anhalten. Dort gibt es das beste Eis außerhalb von Darmstadt.

- Museum Stangenberg Merck, Helene-Christaller-Weg 13, 64342 Seeheim-Jugenheim, Tel. (0 62 57) 90 53 61 www.museum-jugenheim.info, www.heiligenberg-jugenheim.de
- ÖPNV: Straßenbahn 7, 8, Haltestelle Ludwigstraße (rund 15 Minuten Fußweg)

Die Krone der Stadt

63

Auf der Mathildenhöhe

Das 2021 frisch gebackene UNESCO-Welterbe thront stolz wie eine Krone auf einem Hügel im Osten der Stadt. Sein Wahrzeichen, der Hochzeitsturm, reckt sich mit seinen fünf Fingern in den Himmel und scheint Besucher herzlich willkommen zu heißen oder ihnen zuzuwinken. Wie nähert man sich nun so einem Kulturerbe? Jetzt bloß nicht in Besichtungsstress verfallen, auch wenn es so viel zu sehen gibt. In Ruhe zunächst ganz oben starten. Per Treppe oder mit dem Aufzug erreicht man die Aussichtsplattform in der Turmspitze und kann einen Rundum-Panoramablick auskosten. Auf dem Weg erwischt man gleich zwei besondere Glanzstücke: das prächtige Trauzimmer und das romantische Deckenmosaik „Der Kuss" im Turmeingang.

Dann könnte man weiterschlendern über den Schwanentempel zum Alexandraweg mit den Künstlerhäusern. Großherzog Ernst Ludwig lud 1899 zunächst sieben Künstler nach Darmstadt ein und legte somit den Grundstein für die Künstlerkolonie. Während der Schaffensphase bis 1914 entstanden die Jugendstilvillen: von der Inneneinrichtung über Gemälde bis hin zu Schmuck und Kleidung der Damen – ästhetische Gesamtkunstwerke. Während der Jugendstiltage ist es möglich, sich auch einen Eindruck von innen zu verschaffen, sonst bestaunt man die architektonischen Schmuckstücke von außen.

TIPP
Den Museumsshop im Oktagon besuchen und ein Jugendstil-Plakat für zu Hause als Souvenir mitbringen.

Eine besonders schöne Perspektive bietet sich vom türkis schimmernden Albin-Müller-Wasserbecken auf die goldenen Kuppeln der Russischen Kapelle. Auf dem Beckenrand sitzend, erblickt man die farbenfrohen Fliesen, die ein Lilienmuster bilden, und lässt das Ensemble aus Brunnen und kleiner Kirche auf sich wirken. Zeit sollte man auf jeden Fall mitbringen, damit noch ein Museumsbesuch oder am besten eine Führung eingeplant werden kann. So vielschichtig sind die Kunstwerke, Gebäude und Eindrücke. Allein für den Rundgang über den schattigen Platanenhain braucht es Muße. Wunderbar wieder auftanken und von der Belle Époque träumen kann man im idyllischen Garten-Café.

- Mathildenhöhe/Hochzeitsturm, Olbrichweg, 64287 Darmstadt, Tel. (0 61 51) 7 01 90 87 www.mathildenhoehe-darmstadt.de, www.hochzeitsturm-darmstadt.eu
- ÖPNV: Ab Kongresszentrum Welterbe-Shuttle-Bus, Haltestelle Olbrichweg (11 bis ca. 17 Uhr); Bus F, Haltestelle Mathildenhöhe

Stilvoll untertauchen

64

Im Jugendstilbad

Die Darmstädterinnen und Darmstädter lieben „ihr" Bad. Nicht umsonst heißt es auch, dass echte Darmstädter im Woogwasser getauft werden und im Zentralbad schwimmen lernen. Seit seiner Renovierung 2009 heißt es nun Jugendstilbad und glänzt umso mehr. Gleich am Eingang empfangen die stolzen Kandelaber nach Entwürfen von Albin Müller. Das Vestibül schmücken Ornamente von Quellen, Schildkröten und Fischen und zaubern eine maritime Welt an Decken und Wände. Zur Kaiserzeit schwammen Herren und Damen natürlich streng getrennt. Ein Relikt aus dieser Zeit ist auch der prachtvolle „Warteraum für Herren", in den heute jedermann und jede Frau einen Blick werfen sollte, um den Mosaikwandbrunnen und die farbenfrohe Wandbemalung zu genießen. Auf diesem Weg gelangt man auch zu den historischen Umkleiden auf der Empore, die exklusiv zu mieten sind. Stilvoller kann man kaum in Badeanzug- oder hose schlüpfen, um dann auf der geschwungenen Holztreppe zur Schwimmhalle zu schreiten. Dort hat ein Jüngling aus weißem Marmor den Arm lässig um den Kopf geschlungen und wacht über die Badenden, würdig eingerahmt von plätschernden Wasserfontänen.

Aber nicht nur schwimmend kann man hier perfekt entspannen. Wer den Spa-Zutritt bucht, betritt den modernen Wellnesstrakt des Bades. Am liebsten lässt man sich in der blauen Salzgrotte vom Wasser tragen. Mit den Ohren eingetaucht, lauscht man sphärischen Klängen und genießt zusammen mit den Lichtprojektionen an der Decke einen magisch schönen Moment. Erfrischt zurück ins Hier und Jetzt kommt man ganz schnell wieder bei einem anregenden Kneipp-Gang. Ganz Mutige tauchen auch ins kühle Tauchbecken ab. Wem eher nach Wärme ist, der findet in der Sauna-Landschaft vom römischen Dampfbad über die japanische Rosensauna alles, was das Wellnessherz begehrt. Zur Mitternachtssauna lässt sich das sogar bei Kerzenschein genießen. Besonders Glückliche legen sich in eine der gemütlichen Schaukelliegen auf der Dachterrasse mit Blick auf den Hinkelsturm und auf die Stadtmauer.

● Jugendstilbad, Mercksplatz 1, 64287 Darmstadt, Tel. (0 61 51) 95 15 60
www.jugendstilbad.de
● ÖPNV: Diverse Busse, Haltestelle Jugendstilbad

Es lebe die Individualität

65 In der Wald- und Weinspirale

Aus den eher gleichförmigen Industriebauten im Nordend lugen frech die goldenen Zwiebeltürme der Waldspirale hervor. Der Name des österreichischen Künstlers Friedensreich Hundertwasser Regentag Dunkelbunt ist für sich alleine schon eine individuelle Wortschöpfung. In seinem Schaffen spiegelte sich immer wieder das Streben nach Freiheit, Einzigartigkeit und Kreativität wider. Alles bloß nicht genormt, geradlinig oder langweilig. Wenn man vor dem u-förmigen Wohnbau in der Waldspirale steht, denkt man genau das: ein Märchenschloss zum Wohnen. Das kunterbunte Gebäude in warmen Erdtönen strotzt nur so vor Fantasie. Glücklich schätzen können sich die Bewohner der 105 individuellen Appartements mit den 1048 „tanzenden Fenstern", die sich über die wellenförmige Fassade verteilen. Hat man mal einen grauen Tag, an dem alles nicht rundlaufen will: einfach bei einem Spaziergang das Hundertwasserhaus umkreisen. Wenn eine so verrückte Bauweise möglich ist, dann geht auch vieles andere. Architekturinteressierte buchen am besten über das Stadtmarketing eine Führung, sonst kann man nur von außen staunen.

TIPP
Birgits hausgemachtes Hummus ist eine Wucht!

Wer trotzdem einen Blick ins Innere des Kunstwerkes werfen will, besucht abends die Weinbar im kleinen Zwiebeltürmchen in Hausnummer 1 der Waldspirale. Samtige Ohrensessel oder die lange Holztafel laden zum Platznehmen ein. Mit der blauen Keramiksäule und den Blumen- und Vogelkacheln auf der Theke sitzt man mitten im Hundertwasser-Flair. Chefin Birgit Kasprzak passt perfekt an diesen Ort. Die quirlige Künstlerin wirkt selbst wie eine erwachsene Version von Pippi Langstrumpf. Ihre farbenfrohen Bilder an den Wänden von Elefanten oder Oktopoden fügen sich ebenso stimmig ins Ambiente. Individuell geht's auch auf der Sonnenterrasse zu. Kein Korbstuhl, kein Bistrotisch gleicht dem anderen, aber das macht gerade den besonderen Charme aus. Hier muss man keine Quadratur des Kreises finden, sondern nur eine Kleinigkeit von der Vorspeisenzauberkarte auswählen. Zusammen mit einem feinen Glas Wein wird vielleicht daraus die Quadratur des Glücks.

- Weinspirale und Hundertwasserhaus, Waldspirale 1–8, 64289 Darmstadt, Tel. (01 51) 27 13 69 57, www.weinspirale.de
- ÖPNV: Straßenbahn 4, 5, Haltestelle Messplatz

Am rauschenden Bach

66 Entlang der Modau zur Pulvermühle

Bescheiden und unspektakulär gluckert die Modau von ihrem Quellort auf der Neunkircher Höhe auf 44 Kilometern bis zur Rheinmündung. Dabei kann man an ihrem Ufer so wunderschön entlangspazieren. Los geht's an der Haltestelle Modaubrücke: im Eberstädter Ortskern direkt hinter der Apotheke immer entlang der Wandermarkierung „grüner Kreis auf weißem Hintergrund“ dem Bachlauf folgen. Am besten gleich einen Abstecher in den lauschigen Bauerngarten hinter dem Rathaus machen. Hier gibt es einen prächtigen gusseisernen Jugendstilbrunnen zu entdecken. Wer hinter die Hecken linst, erspäht die pittoreske Eisenbrücke und die Balkone einer Hofreite – der ehemaligen Gerberei, in der die Stadtteilbibliothek zu Hause ist.
Sportlich Ehrgeizige können sich am Hirtengrund auf den Outdoor-Sportgeräten im Eberstädter Modauzirkel austoben. Braucht man davon eine kleine Ruhepause, kommt das kleine Schiessel-Bänkchen unter einer riesigen Pappel gerade recht. „Rastplatz am rauschenden Bach“ steht auf dem Holzschild zu lesen und nur zu gerne lässt man sich an dem schönen Platz nieder und hält die Nase in die Sonne. Mal rechts, mal links vom Bachufer taucht man immer mehr ab vom Stadtgewusel. Der Weg wird bald zu einem wurzeligen Pfad, hinter der großen Steinbrücke hält man sich schließlich links, um den Wasserfall nicht zu verpassen. Der erfrischende Platz wird gerne zum Picknicken und für ein kleines Bad als Schwimmbadersatz genutzt.
Wem dies als Höhepunkt der Tour schon ausreicht, dreht um und schlendert einfach gemütlich zurück. Wer noch Puste hat, hält sich nach der Brücke bergaufwärts durch den Wald bis über die Bundesstraße. Dann einfach weiter dem Modauradweg 24 folgen, der bald wieder am Modau-Ufer einfädelt. Durchhalten, die Belohnung für die Extra-Wandermeter folgt! Eine kleine Brücke führt links zur Pulvermühle. Am Wochenende können Wanderer und Radler sich hier im lauschigen Mini-Biergarten direkt am Bachlauf hinter dem denkmalgeschützten Mühlenanwesen niederlassen. Idyllischer geht es fast gar nicht.

- Modaupromenade, Heidelberger Landstraße 230, 64297 Darmstadt
  Biergarten an der Pulvermühle, Rheinstraße 42, 64367 Mühltal
  www.biergartenanderpulvermuehle.de
- ÖPNV: Startpunkt Straßenbahn 1, 6, 7, 8, Haltestelle Modaubrücke; Rückweg Bus BE1 ab Haltestelle Kühler Grund

Grohe
Die Brauhaus Legende

Uff de Piazza

67 Rund um den Kirchplatz

Unter den schattigen Kastanienbäumen am Stadtkirchplatz liegen Kultur- und Kulinarikgenuss ganz dicht zusammen. Will man inmitten des städtischen Trubels Ruhe finden, stehen die Kirchenpforten von Dienstag bis Samstag (Zeiten siehe Website) für einen Besuch offen. Neben der Fürstengruft, dem ältesten Darmstädter Stadtwappen und dem spätgotischen Netzrippengewölbe, ist der Glockenturm ein echtes Highlight. Wer kein Höhenproblem hat, klettert auf die Aussichtsplattform und befindet sich somit am trigonometrischen Punkt 1 in Darmstadt. Wissenswert: Das ist der Punkt, von dem aus alle Entfernungen von und nach Darmstadt berechnet werden. Kulturell ganz vorne im Zentrum liegt auch das Angebot der Stadtkirchengemeinde. Beim „Literarischen Herbst" reicht sich die Autoren-Crema die Klinke in die Hand. Jazz-, Chor- und Orgelkonzerten lauscht man liebend gern im stimmungsvollen Chorraum.

Genuss für die Ohren kommt vom Glockenturm ganz umsonst immer abends um 18 Uhr. Dazu lässt man sich am besten in einen der Stühle der Lokale auf dem Piazza-Pflaster mit Blick auf den Löwenbrunnen fallen. Französische Bistroküche in der Zoo-Bar, authentisches Thai-Food im Pinto oder kunterbunte Tapas und Sangria in der Bodega la Iglesia lassen Urlaubsstimmung aufkommen. Perfekt für einen lauen Sommerabend! Richtig heiß wird es auf dem Kirchplatz übrigens immer am Heinerfest. Dann wird der Platz zur Konzertbühne und die sonst vielleicht eher zurückhaltende Darmstädter Community tanzt beim Kultprogramm „Heißes Pflaster uff de Piazza" bis spät in die Nacht. Ohne Heinerfest lässt man den Abend einfach ruhiger ausklingen. Dazu flattern Nachtschwärmer noch eine Station weiter in die Trinkhalle Chez in der Kirchstraße. Der Name verwirrt, denn die stylische Location hat mit Kneipen-Späti wenig gemein. Im ehemaligen Mini-Kiosk werden feinste Mules und Longdrinks kredenzt – der Place to be, um schicke Leute zu treffen, ins Gespräch zu kommen und in die Nacht zu starten. Ob Ruhesuchende oder Partyvolk, uff de Piazza wird jeder glücklich.

- Kirchplatz und Stadtkirche, Kirchstraße 11, 64293 Darmstadt
  www.stadtkirche-darmstadt.de
- ÖPNV: Straßenbahn 2, 3, 9, Bus K, Haltestelle Schulstraße

Großes Kino im Schlosspark

68 Open-Air-Kino in Schloss Braunshardt

Kino-Kultur und Weiterstadt gehören untrennbar zusammen. Am nördlichen Rand von Darmstadt lockt das jährlich stattfindende Filmfestival im August Filmfans immer wieder ins Braunshardter Tännchen. Seit den 1970er-Jahren flackern hier im lauschigen Wald Kurzfilmperlen von komisch-skurril bis nachdenklich über die Kinoleinwand. Kommandozentrale des Festivals ist das kommunale Mini-Kino „Koki" im Bürgerhaus, das vorwiegend ehrenamtliche Kräfte mit einer großen Portion Kinoleidenschaft betreiben. Deren Idee, in den Sommermonaten von Mai bis September den Schlosspark zu bespielen, ist schon fast oscarreif. Das Lustschloss mit seinen gelben, lilafarbenen und grünen Zimmern, das schon Queen Victoria „an kleine bunte Pralinenkästchen" erinnerte, bietet eine grandiose Filmkulisse.

TIPP
Auch in Darmstadts Süden gibt's Open-Air-Kino auf der stimmungsvollen Freilichtbühne Seeheim.

Licht aus – Film ab. So einfach ist das beim Sommerkino-Open-Air nicht. Man muss warten, bis die Sonne untergeht. Aber das machen die Menschen, die es sich im Weiterstädter Schlosspark gemütlich gemacht haben, gerne. Können sie doch von ihren Plätzen den Ausblick auf den sprudelnden Brunnen und die Rokoko-Fassade genießen. Wenn sie Glück haben, wird die Wartezeit sogar durch Live-Musik verkürzt und man lauscht unterm Sternenhimmel Gitarrenmusik. Getränke und kleine Snacks gibt es im Food-Trailer „Marie Roulante" und die bringt ihr eigenes kleines Stück Filmgeschichte mit. Mit der Firma „Kofiba" als Abkürzung für Kopier- und Filmbearbeitung versorgte der Großvater von Thomas Schupp in den 1950er-Jahren ganz Deutschland mit Filmkopien, in den Glanzzeiten mit 20 Mitarbeitern in vier Gebäuden. Heute sorgt er mit seiner frankophilen Frau Angelika als Kofibar für das leibliche Wohl bei Events mit Quiches, Crêpes und anderen französischen Leckereien. Ausgestattet mit einem Cidre oder einem anderen Kaltgetränk kann jetzt aber die lauschige Filmsommernacht beginnen. Dazu ziehen die Gäste die vorab verteilten Kopfhörer auf. Sind die in Betrieb, leuchten sie magisch blau in die Nacht. Die Lautstärke kann jeder selbst einstellen. So geht sorgenfreier Filmgenuss im hessischen Sanssouci.

● Sommerkino im Schlosspark Braunshardt, Schlossgartenstraße 2, 64331 Weiterstadt, Tel. (0 61 50) 8 30 86 33, www.kino-weiterstadt.de
● ÖPNV: Regionalbahn bis Bahnhof Weiterstadt, Bus WE1, WE2, Haltestelle Braunshardt Schloss

Sightseeing für Kenner

69 Garagenkunst am Rhön- und Spessartring

Wer Darmstadt schon gut kennt und einmal eine ganz andere Facette erfahren will, geht auf Entdeckungstour in die Hinterhöfe der August-Buxbaum-Wohnanlage am Rhön- und Spessartring. Die in den 1920er-Jahren erbauten Gebäude strahlen schon von vorne in fröhlichem Amberger Gelb und Pompejanisch Rot nach historischem Vorbild. Beim geschärften Blick auf die Fassaden entdeckt man so manches hübsche Detail: kleine Rosetten, Zierleisten oder Fenstergiebel- und Reliefskulpturen. Auf der Kehrseite gestalteten die Sprühkünstler Elmar Compes, Fabien Meuren und Julian Bock von Spraymobil im Auftrag der Bauverein AG die vorher 120 langweilig-grauen Garagentore mit farbenfrohen Darmstädter Motiven. Und die verleihen den ehemaligen Nutzbauten neuen Glanz und liefern Besuchern überraschende Einblicke zu Darmstädter Vierteln, Themenwelten oder Personen. Dabei geht es nicht um ein „Abarbeiten" einer Liste der Top-Sehenswürdigkeiten, eher um Lieblingsplätze oder Interpretationen kleiner Details. Auch viele der Glücksorte aus diesem Band kann man auf den Garagenleinwänden wiederfinden.

TIPP

Street-Art-Fans ziehen noch weiter zur Lincoln-Wall, Hessens größter Grafitti-Wand.

Guter Einstiegspunkt in die Freiluft-Outdoor-Galerie ist der Spessartring/Ecke Gutenbergstraße. Ab da führt die Vogelsbergstraße zwischen Schrebergärten und Spielplätzen als Kiesweg hinter den Häusern entlang zu den kunterbunten Garagentoren, dem Start der virtuellen Darmstadtreise. Mal schlendert man in Gedanken zur Zeit des Jugendstils über die Mathildenhöhe, fliegt mit einem Weltraumshuttle ins All, besucht Papageien und Schildkröten im Dschungel, tanzt vor dem Staatstheater an der „Grande Disco"-Scheibe vorbei oder taucht mit einem Kopfsprung ins kühle Woogwasser ab. Auch die Mischung der ausgewählten Persönlichkeiten verblüfft. Wer findet Prinzessin Alix von Hessen-Darmstadt, aber auch Andrea Petković oder Künstler Phoenix the Devourer? Einen Spaß kann man sich daraus machen, wirklich alle Motive zu erraten, aber das dürfte sogar für waschechte Darmstädter eine Herausforderung werden.

- Garagengalerie, hinter der August-Buxbaum-Wohnanlage, Spessartring 2–6 und Rhönring 48–58, 64287 Darmstadt
- ÖPNV: Bus F, FU, Haltestelle Spessartring

Über den Dächern der Stadt

70 Obendrüber vom Henschel

Mittendrin und obendrüber – treffend gesagt. Ersteres ist die kleine Kaffeebar inmitten von Darmstadts familiengeführtem Traditionskaufhaus, dem „Henschel" am Marktplatz. Hierzu muss man dem Darmstädter nicht viel erzählen. Das kennt man einfach. Hier bekam man als Kind vielleicht schon ein Sommerkleidchen oder das erste Hemd gekauft. Später suchte man selbst die passende Garderobe für den Abschlussball aus. Weitere Jahre vergehen, jetzt wird ein smartes Job-Outfit oder vielleicht die stilvolle Kleidung als Hochzeitsgast gebraucht. Wenn es mal etwas feiner sein soll, dann geht man eben zum Henschel. Das ist schon seit Generationen so und darf auch gerne so bleiben – auch weil es sich so vertraut anfühlt.

Frischer Wind weht seit 2019 über den Dächern im vierten Obergeschoss des Einkaufshauses im „Obendrüber". Urbanes Rooftop-Flair in der kuscheligen Heinerstadt? Na, aber klar doch. Wer sich noch an das eher gediegene Ambiente im Restaurant von früher erinnert, reibt sich zunächst die Augen. Dann nimmt man aber ganz selbstverständlich auf der nach drei Himmelsrichtungen offenen Dachterrasse Platz und freut sich an dem einmaligen Stadtpanorama. Fast zum Greifen nah steht links der weiße Turm, dahinter der lange Ludwig, geradeaus Landesmuseum und Waldspirale und rechts erhascht man einen Blick auf die Kuppeln der Russischen Kapelle und das Jugendstilbad. Vormittags ab 11 Uhr ist geöffnet. Dann geht es noch entspannt zu und die ersten Shopper gönnen sich eine ruhige Kaffeepause. Schon quirliger wird es, wenn zum Business-Lunch die wöchentlich wechselnde Mittagskarte lockt. Später am Abend kommen Besucher auch direkt vom separaten Eingang am Marktplatz per Aufzug zum Logenplatz auf dem Dach. Aus der kalifornisch inspirierten Küche kommen Klassiker wie der Cesars Salad oder ein edles Tomahawk-Steak von Küchenchef Gil Delaveaux. Wenn dann zum Abendrot die Glocke vom Uhrturm schlägt, muss man nicht über den Dächern von Nizza oder Kopenhagen sein. Dann ist Darmstadt der perfekte Ort, um auf sein Glück anzustoßen.

● Obendrüber vom Henschel, Marktplatz 2, 64283 Darmstadt, Tel. (0 61 51) 9 98 10
● ÖPNV: Straßenbahn 2, 3, 9, diverse Busse, Haltestelle Schloss

Flohmarkt im Hinterhof

71

Fundstück auf'm Grundstück und Flohannes

Üppige Oleanderbüsche verwandeln einen Hinterhof in einen verwunschenen Ort im Toskana-Style, ein Skulpturengarten verbirgt sich hinter einer Einfahrt und in einer ehemaligen Backstube wird auch schon mal das Wohnzimmer zur Umkleide umfunktioniert.
Und dazu noch jede Menge Krimskrams, Trödel und das ein oder andere Fundstück. So macht Flohmarkt richtig glücklich. Nix mit um 5 Uhr aufstehen, unzählige Kisten in der Dämmerung auspacken und dabei fröstelnd an der Thermosflasche nippen.
Seit 2015 können die Martinsviertler einmal im Jahr Bares aus ihren Kellerschätzen machen und das direkt vor der eigenen Haustür. Ein Quartiersplan mit allen eingezeichneten Höfen erleichtert die Navigation. Wer sich treiben lässt, wird aber ganz von selbst auf die normalerweise verschlossenen Gartentüren, Hofeinfahrten und Nischen des Viertels aufmerksam. Denn an vielen baumeln Ballons und Plakate und laden dazu ein, näher zu kommen, einzutreten und einen Blick um die Ecke zu riskieren. Hier lockt nicht nur der Geschäftssinn, einen guten Schnapp zu machen oder sich durch Nippes zu wühlen, sondern vor allem auch die Neugier, wie es so hinter den Mauern, Türen und Zäunen der Nachbarn aussieht.
Was im Martinsviertel funktioniert, kann im Johannesviertel nicht falsch sein, dachten sich Alice Brücher-Herpel und Birgit Schulze, die das Nachbarschaftsprojekt im Nachbarviertel organisieren. Die zwei kommen richtig ins Schwärmen, wenn sie von ihrem Flohannes sprechen: Das ganze Viertel wächst zusammen, man lernt sich besser kennen, kommt ins Gespräch und es muss nicht beim harten Verhandeln um die Kristallvase oder die Pokemon-Karten bleiben … Man sieht sich vielleicht wieder auf dem Waldfloh oder Floheim. Wir haben auch noch weitere Vorschläge, liebe Darmstädter, wie wär's mit Flohstadt, Flohstein oder Floheilgen …

TIPP

Nach dem Flohmarkt zur After-Floh-Party auf dem Johannesplatz bleiben.

- Fundstück auf'm Grundstück im Martinsviertel und Flohannes im Johannesviertel, Darmstadt, www.flohannesblog.wordpress.com
- ÖPNV: Straßenbahn 4, 5, 7, 8, Haltestelle Pallaswiesenstraße; Richtung Westen geht's ins Johannesviertel, Richtung Osten ins Martinsviertel

ARCHIVBOX
ARCHIVBOX

Nichts für Bewegungsmuffel

72

Auf der Lichtwiese

Die Lichtwiese schaut auf eine bewegte Vergangenheit zurück. Einst grasten Kühe auf der Weide ganz im Südosten Darmstadts. Die Bauern zahlten für die Pacht mit Naturalien in Form von Kerzen/Lichtern – daher kommt wohl auch der Name Lichtwiese. Die 1920er- und 1930er-Jahre standen hier ganz im Zeichen der Fortbewegung, allerdings primär am Himmel. Vom Flughafen Darmstadt hoben Flugzeuge in alle Himmelsrichtungen ab. Aber auch daran erinnert eigentlich nichts mehr.

Heute bewegen sich vor allem die Studierenden der TU Darmstadt über den Campus Lichtwiese, um vom einen zum anderen Gebäude zu gelangen – mit Zwischenstopp im studentischen Biergarten oder in der Mensa, wo auch Externe wieder einmal Uni-Luft schmecken dürfen. Dazwischen schummelt sich immer wieder eine grüne, blumige, wilde Wiese. Der schönste und versteckte Teil von ihr liegt hinter dem Fachbereich Maschinenbau am Rande der Bahnlinie der Odenwaldbahn: hohe Gräser, bunte Blumen, wenn überhaupt nur kleine Trampelpfade, umrahmt von Wald. Nicht nur Hundebesitzer schätzen diese versteckte Oase, auch Jogger und Radler genießen den Blick im Vorbeiziehen.

Neben unzähligen Sportstätten, darunter einige des Fachbereichs Sport, aber auch die DAV-Kletterhalle, ist das Highlight das Hochschulstadion, das im Sommer auch Nicht-Studierenden die imposanten Tore unter anderem für Schwimmbewegungen im nostalgischen Becken öffnet. Wer sich immer noch nicht genug bewegt hat, spielt eine Runde Discgolf auf dem 18-körbigen Parcours oder macht einen großen Spaziergang, um all die versteckten Kunstwerke im Wäldchen, auf der Wiese oder an den Uni-Gebäuden zu entdecken, darunter bewegliche Gedanken von Turnvater Jahn. Und ganz früh morgens, wenn die Studierenden noch in ihren Betten liegen oder gerade dahin zurückkriechen, aber die Vögel schon beim Morgengesang sind, taucht die Sonne die hintere Wiese in ein ganz besonderes Licht – so schließt sich der Lichtwiesenkreis. Ein Mensa-Kaffee und los geht's.

- Lichtwiese, Lichtwiesenweg, 64287 Darmstadt
- ÖPNV: Straßenbahn 2, 9, Haltestelle Hochschulstadion; Regionalbahn bis Bahnhof TU-Lichtwiese

Eine Welt für sich

73 Im verwunschenen Vortex Garten

An einer Pinnwand am Zaun wehen Flyer, das Gartentürchen steht offen, eine riesige, zwei Mann hohe Metallfigur begrüßt diejenigen, die die Einladung annehmen und eintreten in den Vortex Garten am Rande der Mathildenhöhe.

108 eiförmige Gehwegplatten führen durch einen grünen Dschungel. Zwischen einem Meer aus Bäumen und Sträuchern sind die Arbeiten von international bekannten, aber auch von regionalen Kunsthandwerkern zu sehen und manchmal auch zu suchen. Offensichtlich wacht der bunte Grabengel neben der Gartenlaube, während die Suche nach den 230 teilweise gut versteckten Kornkreise-Piktogrammen einen halben Tag andauern könnte.

Mittendrin, trotz der Größe fast unscheinbar zwischen all dem Grün, steht die Jugendstilvilla Haus Martinus. Ihr Innenleben könnte nicht kontrastreicher zum Außenleben sein. Drinnen Designklassiker und Gaudí-Möbel aus Rohholz, draußen wilde Natur gespickt mit einem kunterbunten Kunstmix – von der Buddha-Statue über den roten Stalagmit im Teich bis zur Aussichtsplattform, die der Pyramide auf dem 1-Dollar-Schein nachempfunden ist. Brunnen, Wasserspiele und Teiche sorgen mit ihrem stetigen Plätschern für meditative Atmosphäre.

TIPP

Design-Liebhaber übernachten im Haus Martinus, inklusive Toilette in Eiform.

Dazwischen huscht Jürgen Lannert mit einem Laubbläser herum, der so gar nicht zu ihm passen will: „Ich bin hier für alles zuständig – wenn der Gärtner nicht kommt, mache ich das Laub weg." Dass er auch für die ausgestellten Objekte und das Konzept verantwortlich ist, glaubt man dagegen sofort. Da sprudeln Schlagwörter mit leicht hessischem Einschlag aus dem sich sonst eher als wortkarg beschreibenden Lannert nur so heraus: Goldener Schnitt, Schauberger, Buddhismus, Permakultur … Zusammen mit dem Besitzer Henry Nold hat Jürgen Lannert alles, was sich seit über 20 Jahren hinter der Hausnummer 13 verbirgt oder ergibt, zu dem gemacht, was es heute ist: ein Gesamtkunstwerk, an dem jeder teilhaben kann. Nichts ist zufällig, alles hat seinen Platz. Sich diesen zu erschließen, liegt im Glück der Besucher.

● Vortex Garten, Prinz-Christians-Weg 13, 64287 Darmstadt, Tel. (01 78) 8 02 54 00
www.mathildenhoehe.org

● ÖPNV: Bus 671, 672, Haltestelle Elisabethenstift/Woog; Bus F, FU, H, KU, Haltestelle Alexanderstraße/TU (rund 10 Minuten Fußweg)

Darmstadts kleinste Tanzfläche

74

Im Uppercut Club

Wer sich in Darmstadts Nachtleben ein wenig auskennt, kennt diese zwei Namen: C wie Cluster, ehemalige Kneipe mit Kultfaktor, und C wie Compes, Elmar Compes, Darmstädter DJ-Größe mit vielen Talenten. Im besten Fall stolperte man nach einer geilen Party von Elmar direkt danach noch ins Cluster. Und wer es da im Morgengrauen raus geschafft hat, hatte einen glücklichen Abend – so die eigene Erfahrung.
C + C= Uppercut Club. Was passiert, wenn aus beiden Cs eins wird, kann sich der Darmstädter Partygänger sehr gut vorstellen: ein Feuerwerk der guten Unterhaltung gepaart mit guten Drinks in netter Atmosphäre.
Als Party-Veranstalter und DJ ist Elmar Compes unter dem Namen Uppercut seit Anfang der 1990er-Jahre aktiv. Vor allem mit Drum & Bass, Ragga, Reggae und Hip Hop, aber auch jegliche andere Musikrichtungen schallten schon aus seinen Lautsprecherboxen. Das Cluster kannte er als Nachbar und DJ selbst sehr gut. „Das war einfach ein netter, gemütlicher Laden in der Nachbarschaft, der mir ans Herz gewachsen ist: Man geht rein, vergisst die Zeit und es ist nachts um drei." Seit 2020 ist das ehemalige Cluster nun Elmars Herzstück. Unter dem neuen Besitzer wurde erstmal aufgehübscht und die Karte angepasst: vom Düsseldorfer Killepitsch, über guten Wein und auch mal einen Rum Punch bis zur feinen Bierauswahl.
Im Uppercut Club kommt immer noch das typische Eckkneipen-Feeling auf: Dämmriges Rotlicht, ein Ghettoblaster mit Mixed Tapes spielt vom Band, wenn kein DJ am Start ist, Barhocker an der langen Theke und der hintere Raum wird zur Tanzfläche, indem die Tische einfach eingeklappt werden. Ein gemütliches Raumwunder sozusagen – auf gerade einmal 60 Quadratmetern. Allein deshalb ist es hier nicht anonym. Man muss an allen vorbei und kommt so automatisch ins Gespräch.
Von Donnerstag (rauchfrei) bis Samstag ist ein gelungener Bar-Abend mit Tanz-Option garantiert.

TIPP
Den selbst gemixten Mexikaner probieren, der zur Not auch das Abendessen ersetzt.

- Uppercut Club, Wilhelm-Leuschner-Straße 48, 64293 Darmstadt, Tel. (01 72) 1 59 43 35
- ÖPNV: Straßenbahn 3, Bus L, K, Haltestelle Klinikum (rund 10 Minuten Fußweg)

In der Ruhe liegt die Kraft

75 Durchatmen auf der Kraftsruhe

Zugegeben, es klingt ein wenig abgedroschen, aber dieser besondere, wenn auch relativ unspektakuläre Ort am Rande des Darmstädter Stadtteils Bessungen könnte Namensgeber für dieses Sprichwort gewesen sein. Es ist ein Ort der Ruhe: durchatmen, Kraft tanken und die grüne Oase genießen. Mehr kann man hier eigentlich auch nicht machen. Und das ist auch gut so. Anders als in einem Park, ist man hier meist wirklich allein. Wie es sich für ein Villen-Viertel gehört, haben die meisten umliegenden Häuser ihre eigenen Gärten, der Wald ist nah und da wird die Kraftsruhe glücklicherweise oft übersehen.

Dabei stand sie im 19. Jahrhundert besonders im Fokus. Und zwar von Friedrich Kraft, Präsident des Großherzoglichen Hofgerichts, der der eigentliche Namensgeber von diesem schönen Fleckchen Grün ist. Er war es, der Bäume und Sträucher pflanzen ließ, die heute diese dominante Ruhe ausstrahlen, der man sich einfach nicht entziehen kann. Sogar ein Aussichtsturm sollte damals gebaut werden, da wohl früher die Aussicht bis auf die Rheinebene möglich war. Aber zum Glück wurde aus den Plänen nichts. Die Natur erschließt sich das Gebiet Quadratmeter für Quadratmeter und macht aus dem herrenlos wirkenden Grundstück einen Mini-Wald – ganz versteckt mitten im Wohngebiet mit großen Bäumen, Sträuchern und Büschen.

Die größte Attraktion sind sicher die Findlinge, die auf dem kleinen Hang thronen. Mit etwas Fantasie werden sie zur Ritterburg, zum Hexenberg oder Kulisse für eine andere Spielidee. Hier eine Höhle, da ein Buddel-Loch, Stock- und Steinsammlungen – nur vereinzelte Bauprojekte der umliegenden Nachbarskinder zeugen davon, dass hier manchmal doch was los ist.

Und wo Kinder frei und ohne Hilfsmittel spielen können, liegt ausreichend Inspiration in der Luft, um die eigenen Kräfte in Ruhe wieder zu beleben. Die reichen dann vielleicht sogar noch aus, um eine Runde durchs Steinbergviertel zu spazieren.

● Kraftsruhe, zwischen Steinberg- und Heinrichwingertsweg, 64285 Darmstadt
● ÖPNV: Straßenbahn 2, 9, Haltestelle Merck-Stadion

Zünftig 'Zapftes

76 Darmstädter Ratskeller Hausbrauerei

Ein Geheimtipp ist es nicht, dafür ist die Präsenz zu dominant und die Gäste zu zahlreich. Doch nirgends sitzt man gemütlicher und geselliger. Denn alleine bleibt hier niemand. Sich dazuzusetzen ist typisch Ratskeller. Dazu der freie Blick auf den Marktplatz und das Schloss – so schmeckt das hessische Bier in bayerischer Atmosphäre doppelt gut. Auf dem Marktplatz sind die dunklen, schweren Holzgarnituren, flankiert von Geranienkübeln nicht zu übersehen. Der große Biergarten hinter dem Brunnen ist der Treffpunkt auf dem Marktplatz. Ab 10 Uhr morgens herrscht fliegender Wechsel zwischen Frühshoppern, Mittagstischlern, After-Worklern, Touristen, Studierenden und Stammgästen. Haxen und Weißwürste werden im Eiltempo von den flinken Kellnern serviert.

Alles typisch bayerisch, könnte man meinen – doch die Chefin ist vom Bodensee, was man ihr nach all den Jahren in Hessen auch noch deutlich anhört. Sympathisch resolut führt sie den Ratskeller schon seit 1989. Oben im Rathaus wird geheiratet, untendrunter auf drei Ebenen – von der Regentenstube mit größerer Speisekarte über die Braustube und Terrasse bis zum Braukeller – gibt's Speis und Trank in uriger Atmosphäre.

Noch größer als der Hunger ist meist die Bierlaune der Gäste, denn im Ratskeller gibt's nur Selbstgebrautes. Vier Sorten: Helles, Dunkles, Weizen und in der Saison auch Bockbier kommen direkt aus dem eigenen Braukeller. Und das schmeckt man. Das naturtrübe Bier kommt ohne Fremdkohlensäure aus, der Hefeanteil ist höher. „Unser Bier schmeckt auch nicht jeden Tag gleich – das ist ein lebendes Produkt", ergänzt Petra Klein, die die Geschäfte führt. Pro Sud sind das 1500 Liter, aber wie viel Sude pro Jahr angesetzt werden, bleibt das Geheimnis des Braumeisters.

Zur Schoppestund' zwischen 17 und 18 Uhr, die eine Institution in Darmstadt ist, kann der Durst zum halben Preis gelöscht werden. Kult-Status haben aber auch die 1-Liter-Bügelflaschen am Straßenverkauf, die per Hand abgefüllt aus dem Seitenfenster heraus verkauft werden.

● Ratskeller, Marktplatz 8, 64283 Darmstadt, Tel. (0 61 51) 2 64 44
www.ratskeller-darmstadt.de
● ÖPNV: Straßenbahn 2, 3, 9, Haltestelle Schloss

Ratskeller

Naturschwimmbad mit Charme

77

Im Arheilger Mühlchen

Im Osten des Stadtteils Arheilgen liegt das Naturschwimmbad Arheilger Mühlchen, liebevoll auch einfach nur Mühlchen genannt. Nicht nur der Name strahlt eine gewisse Beschaulichkeit und Wohlfühlatmosphäre aus. Kein Kassenautomat, stattdessen eine Spendenbüchse, in die jeder freiwillig seine Münzen einwerfen kann. Wenig Plastikschwimmtiere, dafür Seerosen, Enten und manchmal auch Schildkröten. Und die charmanten Umkleide- und Duschgebäude wurden originalgetreu restauriert und versprühen den Charme der 1920er-Jahre, in denen das Mühlchen erstmals als öffentliches Schwimmbad genutzt wurde.
Spaß bringt hier keine schnelle Action-Rutsche, ihr kleines nostalgisches Pendant ruft genauso viel Kinderglückgeschrei beim Plumps ins kalte Wasser hervor. Mit Sprungturm, Schwimmerbereich mit Startblöcken und abgetrenntem Nichtschwimmerbereich kam später noch ein gechlortes Kleinkinderbecken und ein kleiner Spielplatz dazu. Auch auf die obligatorischen Schwimmbad-Pommes muss am Mühlchen nicht verzichtet werden. Der kleine Kiosk versorgt die Badegäste mit den typischen Schwimmbad-Leckereien.

TIPP
Hier gibt es gratis auch Sommer-Ferienkurse Yoga und Pilates.

Das denkmalgeschützte Mühlchen, das 2024 sein 100-jähriges Jubiläum feiert, ist aus dem Leben vieler Arheilger nicht mehr wegzudenken. Auf ein Leben mit dem Mühlchen schaut auch Margarete Becker zurück. Die waschechte „Oarhelljerin“ hat viele Stunden hier verbracht. Hier lernte sie schwimmen, duckte sich bei Fliegeralarm in die Hecken und fand bei den Schwimmerfrauen Freunde fürs Leben. „Egal ob zum Anschwimmen im Mai oder zum Abschwimmen im September – das Mühlchen hat mir so viele schöne Erinnerungen bereitet“, erzählt die 88-Jährige. Auch heute geht Margarete Becker noch regelmäßig im Mühlchen schwimmen, nun begleitet von ihrer Tochter. „Im Wasser fühlt es sich an wie früher und ich bin stolz, dass ich meine Runde noch packe.“
Und wenn die Bademeister im Ruderboot über das Mühlchen gleiten, kann man sich gut vorstellen, wie das früher so war. Es muss sich gar nicht viel ändern – ein Idyll ist das Mühlchen auch heute noch.

- Arheilger Mühlchen, Brücherweg 1, 64291 Darmstadt, www.muehlchen.de
- ÖPNV: Regionalbahn, Straßenbahn 4, 5, Bus A, Bahnhof Kranichstein (rund 10 Minuten Fußweg)

Am Bölle

78 Wo die Lilien dehaam sind

„Oh Lilien, oh Lilien, oh Lilien – ooohooo": Die Vereinshymne von Alberto Colucci trägt der Wind bis weit über das angrenzende Paulusviertel hinaus. Wenn tausende Fans ihre Weiß-Blauen anfeuern, bekommen selbst die Gäste auf der Gegengeraden das Beben zu spüren. Das sind Emotionen, die das Traditionsstadion zu einem kollektiven Glücksort machen. Anfeuern, schreien, singen, hüpfen, grölen, schimpfen – den Gesichtsgrimassen sind keine Grenzen gesetzt.

„Es ist schon passiert, dass ihr mal verliert", davon können die Darmstädter Fußballfans tatsächlich ein Liedchen singen. Als Lilienfan ist man Höhen und Tiefen jedenfalls gewohnt. Aber das ist für viele auch nur Nebensache. Es geht um das Drumherum, was schon beim Aufbruch an der eigenen Haustür beginnt. Das Treffen in der Straßenbahn oder in der Lilienschänke. In Blau-Weiß strömen die immer größer werdenden Fan-Gruppen aus den Stadtteilen und dem Umland zum Merck-Stadion am Böllenfalltor, wie es offiziell heißt, es aber niemand nennt.

TIPP

Bei einer Stadionführung den heiligen Rasen berühren und auf der Ersatzbank Platz nehmen.

Das Bölle gleicht zwar immer mehr einem modernen Stadion, wie es eben auf Bundesliga-Niveau üblich ist, seinen einzigartigen Charme wird es aber sicherlich behalten. Dafür sorgt schon die über 100-jährige Historie. Wer genau hinsieht, kann die alten Stufen links und rechts der Nordtribüne erkennen, die bei vielen Erinnerungen weckt, als man zu Viertliga-Zeiten auf der Gegengeraden dem Gras beim Wachsen zusehen konnte. Und spätestens wenn die Flutlichtanlage angeht, taucht das Bölle wieder ins Licht vergangener Zeiten ein – Fußball-Romantik vom Feinsten. Und wenn am Ende wahr wird, was die Hymne prophezeit: „Jetzt gibt's ein schönes Tor, wir stürmen alle vor, olé, olé, olá", kommt ein bisschen Aberglaube auf: So wie der Schal gewickelt war, das Bier am Büdchen getrunken und der Weg ins Stadion begangen wurde, genauso wird es beim nächsten Mal wieder gemacht.

● SV Darmstadt 1898 e.V., Nieder-Ramstädter-Straße 170, 64285 Darmstadt
www.sv98.de
● ÖPNV: Straßenbahn 2, 9, Haltestelle Merck-Stadion

333

Auf Hackschnitzeln tanzen

79

Begegnungen am Osthang

Zu beschreiben, was der Osthang eigentlich ist, ist gar nicht so einfach. Weil er alles sein kann, zu was ihn die Besucher und Organisatoren machen: Festivalzentrum, Ausstellungsraum, Treffpunkt, Freiluft-Disco, Biergarten, Künstlertreff. Auf jeden Fall ist es ein Ort für Begegnungen – wie sich diese letztendlich gestalten, entscheidet jeder Einzelne.

Direkt hinter der Mathildenhöhe liegt das kleine abschüssige Waldstück, das ein Kollektiv von Freiwilligen aus dem Dornröschenschlaf erweckt hat. Aus dem etwas stiefmütterlich behandelten Grundstück, das 2014 für sechs Wochen Heimat einer temporären Künstlerkolonie war, entstand im Anschluss das Osthang-Projekt. Dank der Eigeninitiative motivierter Darmstädter, viele davon aus dem Fachbereich Architektur und Gestaltung, ist und bleibt es lebendig im Olbrichweg. Ob Flohmarkt, Yoga-Festival, Ausstellungen, Konzerte, Lesungen oder Workshops – so offen wie der Raum selbst, sind auch die Initiatoren für Ideen. Mit seinem Angebot versteht sich das Kollektiv als moderne Antwort auf die Mathildenhöhe.

TIPP

Tagsüber vorbeischauen und die Ruhe mitten in der Stadt genießen.

Hier noch ein paar Hackschnitzel aufschütten, da die Hängematten festzurren und die Toiletten reinigen. Getränkekisten werden zur orange-weißen Bar getragen, die ein schöner Farbtupfer zwischen dem eher gut getarnten DJ-Pult und der sogenannten Main Hall ist. Camouflageartig fügen sich die Bauten in die Natur ein. Der DJ legt afrikanische Klänge auf, in den Hängematten wird bereits gechillt, während andere noch am Laptop sitzen oder es sich im Sitzsack bequem machen. Mit der Dämmerung intensiviert sich das Gefühl, hier vollkommen eingesogen zu werden an einem Ort, der einfach ist und deswegen so schön. Am kleinen Freitag, wie der Bar-Abend am Donnerstagabend genannt wird, tanzen Sneaker, Pumps, Doc Martens, Flipflops, Outdoor-Sandalen oder auch blanke Füße über die Hackschnitzel. Die kleine Stadt in der Stadt im Wald macht definitiv glücklich.

- Osthang, Olbrichweg 19, 64287 Darmstadt, www.osthang.de
- ÖPNV: Bus F, Haltestelle Spessartring (rund 5 Minuten Fußweg); Bus H, Haltestelle Taunusplatz (rund 10 Minuten Fußweg)

LL TIME

Einfach gemütlich

80 Mini-Weihnachtsmarkt in Bessungen

Lichter baumeln zwischen den elf Holzhütten, die aneinandergereiht den Rahmen des kleinen Weihnachtsmarktes im Herzen des Darmstädter Stadtteils Bessungen bilden. Ein festlich geschmückter Weihnachtsbaum ragt aus dem Brunnen am Rande des Forstmeisterplatzes empor. Und dazwischen versammeln sich Familien, treffen sich Freunde und alte Bekannte.

Wie vor vielen Jahren auch Katharina Lopuszanska. Damals war sie mit ihrem kleinen Sohn auf dem Weihnachtsmarkt und erfuhr von ehemaligen Nachbarn, dass die Organisatorin aufhören wollte. Die Sorge, dass es mit dem gemütlichen Weihnachtsmarkt nicht mehr weitergehen könnte, trieb nicht nur die Teilnehmer um, die mit viel Liebe ihre Waren selbst herstellen und mit viel Eigeninitiative den Markt jedes Jahr wieder zu etwas Besonderem machen. Auch Lopuszanska brachte die Nachricht einige schlaflose Nächte ein, bis sie sich dazu entschloss, die Marktleitung zu übernehmen. Und diesen Posten füllt sie nun schon seit über 15 Jahren aus. Damals wusste sie nicht, was auf sie zukommt. Aber die Arbeit ist es wert: „Wenn ich sehe, wie sich die Kinder freuen, wenn der Nikolaus auf den Markt kommt, macht mir das die größte Freude." Dass dafür im Vorfeld über 700 Päckchen gepackt, Hütten aufgebaut, Kabel verlegt und Flyer verteilt werden müssen, bleibt als Aufgabe in den Händen der Beteiligten. Von der Schule über die Glaskünstlerin, den Imker bis zur Goldschmiedin – alle schönen, kreativen Dinge, die an den Ständen verkauft werden, sind handgefertigt und fast alle kommen aus Bessungen oder der Region.

Dank einer großartigen Nachbarschaftshilfe kann der gemütliche Weihnachtsmarkt jedes Jahr an den ersten beiden Adventswochenenden seine besondere Stimmung und weihnachtliche Atmosphäre von Bessungen aus verbreiten. Längst hat es sich über die Grenzen Darmstadts hinaus herumgesprochen, welche Glücksmomente sich hier erleben lassen. Besonders wenn abends, kurz vor dem Einfliegen des Nikolauses, Live-Musiker den Zauber der Weihnacht perfekt machen.

TIPP

Einkehren am Forstmeisterplatz, gemütlich: Café Mela, französisch: Belleville.

- Bessunger Weihnachtsmarkt, Forstmeisterplatz, 64285 Darmstadt
www.bessunger-weihnachtsmarkt.de
- ÖPNV: Straßenbahn 1, 6, 7, 8, Haltestelle Bessunger Straße

Danksagung

Ein besonderer Dank geht an Simone Köhler für ihre Textbeiträge.
Für Inspiration, Gespräche und gemeinsame Besuche der Glücksorte danke ich Marcus, Clara & Janusz, Sabine und allen großartigen Lesekreis-Frauen.
Sigrid Stöckel

Danke an Semjon und Ella – ihr seid meine unschlagbaren Glücksbegleiter.
Ein besonderer Dank geht an meinen Vater Karl-Heinz Ewald für die Kamera.
Und an meinen wahnsinnig tollen Freundeskreis, der zu allem bereit war, um mich zu unterstützen.
Susanne Schimek

Bibliografische Informationen der Deutschen Nationalbibliothek
Die Deutsche Nationalbibliothek verzeichnet diese Publikation in der Deutschen Nationalbibliografie; detaillierte bibliografische Daten sind im Internet über http://dnb.d-nb.de abrufbar.

Konzeption/Satz: Droste Verlag, Düsseldorf
Einbandgestaltung und Illustrationen: Britta Rungwerth, Düsseldorf, unter Verwendung von Bildern von © Fotolia.com: jd – photodesign.de; © iStock: Plociennik Robert
Fotos: APM: S. 135; Bessunger Weihnachtsmarkt, Katharina Lopuszanska: S. 167; Darmstadt Marketing, Agnes Allig: S. 6 Betina Fischer: S. 97; Björn Friedrich: S. 119; Stefan Holtzem: S. 163; Christopher Köhler: S. 41; Simone Köhler: S. 95; Kristof Lemp: S. 17, Marcin: S. 47; Steffi Rieger: S. 25; Bastian Ripper: S. 107; Susanne Schimek: S. 29-39, 43, 45, 69-87, 109-117, 121-127, 149-153, 157-161, 165; Schlossmuseum Darmstadt, Lufft@Blitzwerk.de: S. 61; Sigrid Stöckel: S. 9-15, 19-23, 27, 49, 51-59, 63, 67, 89-93, 99-105, 129-133, 137-147; Uppercut: S. 155

MIX
Papier aus verantwortungsvollen Quellen
FSC® C011279

Druck und Bindung: LUC GmbH, Greven
ISBN 978-3-7700-2294-6

www.droste-verlag.de